AF231519

No -618

9 - 4

PERSONNAGES CÉLÈBRES

DANS LES

RUES DE PARIS.

II.

PERSONNAGES CÉLÈBRES

DANS LES

RUES DE PARIS,

DEPUIS UNE HAUTE ANTIQUITÉ JUSQU'A NOS JOURS;

Ouvrage rempli d'Anecdotes curieuses, d'Aventures extraordinaires et de hautes Infortunes ; avec des détails sur les premiers Comédiens ambulans et leurs Pièces dramatiques, appelées *Mystères*, *Moralités*, *Sottises*, *Farces*, etc.

PAR J.-B. GOURIET.

TOME SECOND.

PARIS,

LEROUGE, LIBRAIRE, PASSAGE DU COMMERCE, QUARTIER SAINT-ANDRÉ-DES-ARCS.

1811.

PERSONNAGES CÉLÈBRES

DANS LES

RUES DE PARIS.

~~~~~~

SUITE DE LA SECONDE PARTIE

ET DES

PERSONNAGES IMITATEURS.

____

BRIGANDS ET ESCROCS.

____

Je dois commencer par les escrocs. Je ne sais trop s'il est prudent de dévoiler leurs ruses, et si ce n'est pas donner aux aigrefins modernes les moyens d'imiter et même de perfectionner les tours inventés par leurs anciens. Cependant, comme on peut dire aussi que ces révélations
~~~~~~

mettront immanquablement le public en garde contre toutes sortes de piéges, je m'arrête à cette dernière considération qui présente un grand point d'utilité, et j'ai recours à l'ouvrage même des *Ruses dévoilées*, pour offrir l'échantillon du trait suivant, que l'on dit, entr'autres, s'être reproduit de nos jours, mais qui, pour cette fois, sera trop connu, pour qu'à l'avenir on puisse encore donner dans le panneau.

« Une bonne dévote de profession, d'environ cinquante ans, très-crédule, mais fort riche, entendant la messe à St.-Paul, sa paroisse, voulut suivre l'usage qu'elle s'était prescrit de communier au moins deux fois chaque semaine. Après le dernier évangile, elle quitte son prié-dieu pour s'approcher de la Sainte-Table. De retour, quelle fut sa surprise, lorsqu'ouvrant ses heures pour faire son action de grâces, elle vint à jeter les yeux sur un billet bordé d'un cordon de fleurs en miniature, et qui contenait en caractères dorés ce qui suit :

« La bonne odeur de vos prières est montée jusqu'à Dieu, et le saint Patron de cette église a été pour vous

un si puissant intercesseur dans le Ciel, qu'il vient
d'obtenir, comme une grâce inouie, de pouvoir encore
descendre sur la terre, et venir demain souper avec
vous; mais afin de jouir d'une prérogative si distinguée,
il est nécessaire que vous éloigniez les profanes, et
qu'il soit seul avec vous. C'est alors que vous entendrez
des choses qui n'ont pas encore été dites à aucun mor-
tel, et dont il a plu au Tout-Puissant de rendre dépositaire une âme aussi pure et aussi exaltée que la vôtre.

PAUL, Apôtre.

« Jugez de l'impression que devait faire sur
un cerveau renversé par trop de bigoterie,
cette étrange nouveauté. Notre vénérable sortit aussitôt de l'église, regagna sa maison , appela sa domestique , aussi propre à être dupe
que la dame. Les voilà à lire et relire dix fois
la sainte missive, et à répandre l'une après
l'autre des larmes de joie. Mais comment recevoir un saint ? Quels mets assez succulens
seront de son goût ? Quel traiteur assez habile
pourra se flatter dè préparer un souper digne
de l'Apôtre des nations ? Elles eussent bien
voulu mettre dans leur confidence quelques
voisines du quartier; mais il fallait éloigner
les profanes , cela était bien exprès. On

devait être seul à seul, et S. Paul eût trouvé mauvais que tout autre que la servante, très-dévotieuse, eût été admise dans une assemblée où devait se faire la manifestation de si grandes choses. Cependant il fallait prendre un parti, et celui de la servante fut d'aller commander un repas de deux couverts chez un traiteur qui était au bout de la même rue. Pour qui? demanda cet homme. Autre embarras. Celle-ci fit confidence au traiteur de la mystique entrevue de sa dame avec un Apôtre, et le supplia, sur toute chose, de bien garder le secret. Il ne coûte rien de promettre : le traiteur jura que personne n'apprendrait ce mystère; mais à peine cette fille l'eut quitté, que, réfléchissant sur ce qu'il venait d'apprendre, il crut deviner qu'on en voulait plus à la bourse de cette illuminée qu'à la sublimation de son âme, et que c'était un stratagème de fripon. Frappé de cette idée, il court chez un célèbre orfèvre de Paris, qu'il savait être le beau-frère de la dévote, et cela dans le dessein de l'engager à parer aux conséquences de cette affaire. Cet homme était sorti depuis neuf heures; et en son absence, un ouvrier n'avait pas fait difficulté de prêter à la dévote un assortiment de vaisselle plate, qu'elle venait tout fraîchement d'enlever. Surcroît de soupçon pour le traiteur, qui ne voulut point se retirer avant le retour du maître. Il arriva sur les trois heures, et apprit toute l'histoire. Comme il connaissait l'extrême simplicité de sa belle-sœur, il n'en devint que plus ardent à la tirer d'un danger qui lui paraissait très-pressant. Il commença par prévenir une brigade du Guet, et imagina de se déguiser lui-même en S. Pierre; et, précédé d'une si bonne escorte, il se rendit aux environs de la maison de la dame, vers l'heure où il prévoyait que S. Paul devait y entrer.

« Tout réussit selon ses désirs, et après une demi-heure d'attente, il aperçut le patron s'avancer vers le logis de la dévote. Il était habillé à l'Israélite, le menton garni d'une barbe postiche, un livre sous le bras, et bâton à la main. Il frappe : la dame et la servante viennent lui ouvrir, et se prosternent à ses pieds; elles l'introduisent dans une chambre proprement meublée, et s'enferment avec lui. Un quart-d'heure après paraît le traiteur, chargé d'un garde-manger portatif, dans lequel tous les mets sont rangés par ordre. Il frappe à son

tour, et aussitôt la servante, venant ouvrir,
s'empare de la corbeille, lui dit deux mots et
le renvoie. Comme on n'attendait plus personne, les verroux sont mis. Cependant, à
peine eut-on porté la main au premier plat,
que S. Pierre, placé devant la maison de sa
sœur, d'où il avait observé toute cette affaire,
s'avance et frappe avec violence. La domestique veut ouvrir : S. Paul s'y oppose. On redouble, on menace d'enfoncer. Il faut bien,
quoi qu'en dise l'Apôtre, apprendre la cause
d'un pareil vacarme, et y apporter remède.
Qui frappe? dit la servante. On répond : c'est
S. Pierre. Surprise agréable pour la dame, qui
compte avoir cette nuit tout le collége aposto-
lique, et sur-le-champ, elle ordonne d'ouvrir;
mais S. Paul n'en paraît que plus obstiné à
rester seul. Enfin, les coups deviennent si
furieux et si multipliés, que les ferremens de
la porte sont sur le point de céder à l'effort.

« Dans ce moment, la fille n'écoute aucun
ordre : la maison est ouverte, et S. Pierre,
sous un habillement judaïque, la tête chauve,
des sandales aux pieds, et aux mains une paire
de clefs, aborde S. Paul, et lui adresse ces
paroles avec emphase : « Apôtre des nations,

que le Seigneur suscita pour ramener les bre-
bis perdues de la maison d'Israël, qui vous
engage aujourd'hui à passer les bornes de
votre ministère, et à diriger les ouailles pré-
destinées du troupeau, sans une mission expresse? Envoyé moi-même pour vous en faire
des reproches, j'ose vous signifier le décret
d'en haut, qui vous ordonne de suspendre
vos travaux, et de me suivre dans ces de-
meures paisibles, dont vous vous êtes échappé, au grand étonnement de toute la cour
céleste : et en cas qu'il vous arrive de ne point
obéir, voici, poursuivit-il en faisant entrer la
brigade, quelque chose de plus qu'une grâce
victorieuse pour vous y contraindre ». En
proférant ces mots, S. Pierre enjoint aux cavaliers de faire leur devoir. S. Paul est donc
débarbé, dépouillé; et, sous le déguisement
d'un apôtre, on trouva les instrumens propres à un scélérat : des pistolets, des rossi-
gnols, des limes, des poignards. Quel fut l'é-
tonnement des dévotes!.... »

Tel est, à très-peu de lignes près, le récit
de l'auteur des *Ruses dévoilées ;* maintenant
pour y mettre au moins quelque chose du
mien, je dirai par qui le tour fut imaginé et

exécuté; j'y joindrai même un dénouement que l'on ne connaît pas encore. Tous les exploits que je vais retracer nous reportent au temps des Gros-Guillaume, des Bruscambille et des Tabarin. Seulement, pendant que nos illustres Farceurs déployaient leur bruyant génie, montés sur des échafauds, il faut se figurer nos nouveaux Personnages se signalant paisiblement dans la foule. Tout le monde ne convient pas que l'art dramatique et la poésie de ces temps doivent nous servir aujourd'hui de modèles; mais certainement l'art de la filouterie ne pouvait déjà plus avoir que de faibles imitateurs.

L'ÉCLAIR ET FINE-OREILLE.

L'Éclair et Fine-Oreille étaient deux filous célèbres au dix-septième siècle. C'est l'Éclair qui avait imaginé et qui joua le rôle de S. Paul. Après avoir eu cette excellente idée, il s'attendait peu à être mis dans le lacs par S. Pierre; mais on va voir que le pêcheur Céphas fut pris à son tour dans ses propres filets.

Fine-Oreille faisait le guet aux environs. Au costume de l'orfévre, et à la troupe qui l'accompagnait, il se fut bientôt douté de la ruse. Forcé de les laisser entrer, il court faire ses préparatifs et revient comme ils sortaient. L'apôtre débarbé marchait tristement au milieu de la brigade, précédé par son antagoniste en costume et les clefs en main. Tout-à-coup un second S. Pierre se présente à la rencontre du détachement, et lui-même, suivi d'un égal nombre d'archers, il s'écrie qu'il arrive à la tête des Corinthiens pour délivrer leur apôtre, et couper l'oreille à Malchus. L'orfévre, à ce nom, qui précisément était le sien, prit la fuite à toutes jambes, et fut suivi de son escouade, qui avait bien promis de ne le pas quitter. S. Paul et le nouveau S. Pierre s'en furent alors faire part aux dévotes du miracle qui venait de s'opérer pour confondre des impies, et le tout finit par la disparition d'un sac d'écus et de toute l'argenterie dont ils avaient besoin pour un grand repas qu'ils devaient donner en Paradis,

L'Eclair et Fine-Oreille ne s'amusaient pas
à filouter sur le Pont-Neuf : un autre tour de
ces deux illustres associés montrera que, sous
tous les costumes, ils ne savaient pas moins
bien jouer leur rôle. L'Eclair s'était présenté
vêtu en seigneur, et suivi de deux laquais,
chez un marchand de draps de la rue Saint-
Denis, et avait enfin choisi une pièce de drap
d'Espagne, sur laquelle il avait donné six pistoles d'arrhes, en priant le marchand de la lui
faire porter par son garçon de boutique, en
son hôtel, rue Saint-Antoine, où il compléte-
rait le paiement qui se montait à plus de cent
écus. Il était bien certain que le reste du paiement était autant d'expédié; mais il s'agissait
en outre de rattraper ses arrhes. Voici de
quelle manière on y parvint. Le commis étant
arrivé avec son drap à l'hôtel, l'Eclair lui
compta aussitôt la somme convenue, mais
eut soin de mêler parmi les écus six pistoles
fausses. Le commis, qui examinait son or
pièce à pièce, refusa celles qui lui parurent
suspectes. L'Eclair, après avoir un peu tem-
pêté, lui dit qu'il les avait reçues d'un de ses
cousins demeurant rue Saint-Martin, et ajouta
qu'il lui rendrait service de passer chez son

parent, de lui faire remarquer ces six pièces
fausses, et que, sans aucun doute, il lui en
remettrait d'autres. Le commis, qui se voyait
payé en grande partie, consentit à ce qu'il
désirait, laissa le drap, et partit avec un laquais que l'Eclair lui donnait pour le conduire.

Ce cousin, c'était Fine-Oreille. Le nouveau
gentilhomme, aussitôt qu'il vit le laquais, le
combla de caresses, lui demanda beaucoup
comment se portait son maître, pourquoi on
ne le voyait pas. Il ne tarissait point en démonstrations d'amitié; mais lorsqu'il fut question des pièces fausses, il changea de ton,
parut très-choqué qu'on le crût capable de
recevoir de mauvais or, et entra enfin dans
une telle colère, que le commis lui-même invita le laquais à revenir avec lui rue Saint-
Antoine. De retour à l'hôtel, ce fut une autre
scène. L'Eclair prit un bâton, et voulait tuer
son valet pour sa maladresse, et toute la peine
qu'il donnait à cet honnête jeune homme
auquel il causait tant de pas et de démarches.
Le laquais intimidé dit au commis qu'il était
décidé à retourner chez le cousin; que, s'il ne
voulait pas changer les pistoles, il lui en em-
prunterait au moins d'autres au nom de son

maître. Le jeune homme prit le parti d'aller encore avec lui. Cette fois, le cousin plus traitable et paraissant céder enfin aux circonstances, dit au commis de mettre tout son argent sur la table, afin qu'il examinât lui-même les écus qui ne vaudraient rien, et qu'il les remplaçât. C'était ici le grand effort d'imagination. Lorsque tout l'or fut déposé, Fine-Oreille, occupé tout à coup d'un souvenir venu fort à propos, mit la main sur les espèces, et dit au laquais qu'il était bien étonnant que son maître osât lui faire demander de l'argent à emprunter, lorsqu'il lui devait déjà plus de cent écus. Il ajouta qu'il se nantissait toujours de cette somme, et que, dès le lendemain, il enverrait un sergent, si le jour même on ne s'acquittait entièrement avec lui. Le laquais resta ébahi; mais le commis, frappé de terreur, crut ne pouvoir trop tôt regagner la rue Saint-Antoine. Ils y arrivèrent toujours courant, et avec une précipitation bien inutile, car l'Eclair avait disparu. Le seigneur qui avait habité l'hôtel n'y était nullement connu; et le laquais eut tellement à cœur de retrouver son maître, qu'il disparut aussi au milieu de ses recherches.

C'est en jouant le tour suivant que ces deux maîtres larrons furent enfin pris, et cette fois, sans que les Corinthiens s'avisassent de les venir délivrer. L'Eclair, se promenant à la Foire Saint-Germain, entra dans la boutique d'un peintre d'Anvers, homme à rouge trogne et d'un extrême embonpoint. Il se donnait pour un peintre de Toulouse, et disant qu'il serait bien aise d'emporter en son pays quelques-uns des tableaux du peintre d'Anvers, il en choisit une douzaine des meilleurs qu'il réunit dans un coin. Pendant qu'ils devisaient sur le prix, Fine-Oreille arrive, et demande également à faire quelque emplette. Il s'arrête au tableau d'une Cléopâtre dont son camarade avait fait choix, et veut absolument avoir la préférence. Une rixe s'élève : le marchand ne savait auquel entendre. Fine-Oreille prend celui-ci par la main, et le retient à quelque distance pour lui faire des représentations : l'Eclair profite du moment où il le voit occupé, et glissant la main dans sa poche, lui enlève son mouchoir, dans lequel il savait qu'étaient enveloppées vingt pistoles qu'il venait de recevoir. Enhardi par ce succès, il veut prendre la bourse : malheureusement le peintre ayant eu en ce moment besoin de se moucher, et surprenant la main de l'Eclair dans sa poche, se mit à crier au voleur ; mais notre héros fut loin de se déconcerter. Comme on ne pouvait le convaincre que si on lui trouvait le mouchoir, il le passa adroitement à son compagnon, qui, renonçant aussitôt à ses emplettes, sortit, et se perdit dans la foule.

Le marchand avait saisi l'Eclair au collet, et celui-ci, homme de bonne mine et n'ayant plus sujet de trembler, protestait si paisiblement de son innocence, que tous les témoins de cette scène prenaient part à l'affront qu'il éprouvait. Pendant qu'il consent à se laisser fouiller, mais à condition que s'il n'est point reconnu coupable, le peintre lui fera réparation d'honneur, Fine-Oreille publie à tous les coins de la Foire que l'on a trouvé un mouchoir dans lequel de l'argent est enveloppé, et il indique le nom et l'adresse de celui qui le remettra à quiconque prouvera qu'il lui appartient. Cette nouvelle arrive aux oreilles du marchand, qui se morfond en excuses et en civilités envers l'Eclair, et le sup-

plie de lui pardonner un si injurieux soupçon.
Il vole alors à l'adresse indiquée, où, comme
on le pense bien, personne ne sait ce qu'il
veut dire; mais pendant ce temps, un archer
qui avait déjà manqué plusieurs fois nos
deux personnages, les ayant rencontrés et re-
connus comme ils se félicitaient du nouveau
tour qu'ils venaient de jouer avec tant de
succès, crut devoir les saisir au collet, et arrêta ainsi l'essor de leur brillante imagination.
Ils furent fouettés et bannis.

LES ROUGETS et LES GRISONS.

Cette bande célèbre avait pour points de
ralliement le faubourg Saint-Germain, le
Pont-Neuf et les environs du Louvre et du
Palais. C'étaient pour les amateurs des théâtres ambulans, autant de génies prévoyans et
pleins de sollicitude qui toujours avaient soin
de les débarrasser de tout ce qui eût pu les
gêner pendant le spectacle, ou les trop fatiguer jusqu'à leur retour. Le chef des Rou-

gets et des Grisons se nommait le sieur DE LA CHENAY. Tous ceux qui s'enrôlaient sous ses drapeaux, subissaient pour épreuve de demeurer deux jours entiers sans manger, et de coucher tête nue et au serein pendant trois nuits.

Un avocat de Rouen apprit un soir, à ses dépens, combien cette bande était impitoyable et rusée. Elle s'était divisée en trois groupes, dont l'un s'était posté devant la Samaritaine, l'autre devant le cheval de bronze, et l'autre sur le quai des Augustins. C'était par un hiver fort rude. Déjà la nuit devenait sombre. Notre avocat arrive bien monté, bien vêtu, et le nez dans son manteau. Comme il sortait de la rue Dauphine, six hommes, dont trois en habits rouges et trois en habits gris, et tous ayant de hauts panaches à leurs chapeaux, l'entourent en lui ordonnant de mettre pied à terre. Plus mort que vif, il obéit. Un d'eux alors, c'était la Chenay le chef de la bande, lui mettant un pistolet sur la gorge, lui demanda sa bourse. « A cela ne tienne, Messieurs, s'écrie-t-il, voilà tout ce que je possède ». Il donne sa bourse, et va pour remonter à cheval; mais comme il mettait le pied à l'étrier, un des bandits s'avance en contrefaisant le boiteux, lui représente qu'il ne peut marcher davantage, qu'il a besoin d'un cheval pour s'en retourner, et tout en l'invitant à lui prêter le sien, il s'en empare sans autre forme de procès, et s'éloigne ainsi que ses compagnons.

Notre avocat, resté stupéfait, prend enfin le parti de poursuivre sa route à pied, s'estimant encore fort heureux d'être débarrassé de ces bandits. Arrivé devant le cheval de bronze, il se voit investi de nouveau. Il raconte qu'il vient d'être volé, et qu'il ne lui reste plus rien. Vous méritiez ce traitement, lui dit-on, car vous n'êtes qu'un mal-appris : par exemple, qui vous a fait si hardi de passer devant le cheval de bronze sans ôter votre chapeau. Apprenez à être désormais plus honnête. On lui enlève donc son castor, et en outre, un riche diamant qu'il avait au doigt.

Notre homme ne savait plus s'il devait poursuivre ou retourner sur ses pas. Il crut plus prudent encore d'avancer. Le groupe posté devant la Samaritaine vint au-devant de lui, amenant un homme nu en chemise. Aurez-vous la barbarie, lui dit-on, par le froid qu'il

II.   2

rible qu'il fait, de laisser ce malheureux souffrir ainsi? L'avocat vit bien où tendait cette
harangue; il jeta son manteau, et s'enfuit de
toutes ses forces, tremblant qu'on n'exigeât
en outre son habit et ses chausses.

Cette bande devint extrêmement redoutable, au point d'entrer en plein jour dans
les boutiques, et d'enlever les marchandises
sans qu'on osât dire mot. Quelques-uns se
faisaient recevoir au service des particuliers, afin de les mieux dévaliser. Une nuit
que la Chenay, favorisé par l'un de ses affidés,
s'était introduit par une fenêtre, le ressort du
pistolet de son compagnon s'étant détendu,
l'arme partit, et ce bruit éveilla les maîtres et
les domestiques. La Chenay effrayé recourut
à son échelle de corde; mais l'échelle cassa, et
le brigand tomba d'un second étage. Son compagnon s'étant fait à la hâte une échelle de
plusieurs serviettes nouées l'une au bout de
l'autre, tomba également. Aucun des deux
n'en mourut; la Chenay même échappa : mais
le vent de l'adversité avait soufflé sur lui et
sur sa troupe, et la fortune ne venait de les
abaisser si bas, que pour mettre le comble à

ses rigueurs en les élevant trop haut Les
Rouges et les Gris furent tous pendus.

CLÉOMAS.

Cléomas fut la terreur de Paris et des environs. Si je ne prétends pas faire admirer ses
talens, je veux faire au moins remarquer son
courage, en regrettant qu'il ne l'ait pas signalé
pour une cause plus belle. Quelqu'un le reconnut à Charenton, et courut avertir les archers, leur indiquant la maison dans laquelle il était entré : quoique environné de sa
troupe, il logeait toujours seul. Cléomas, pré-
venu à temps, se met à la tête des siens, et
commence par aller incendier la maison de
celui qui l'a dénoncé. Tous les habitans de
Charenton s'étaient armés : sa bande se dis-
perse; enfin, il gagne un village assez proche,
entre dans une auberge et se met à table. Sa
nouvelle retraite fut bientôt investie. Ennuyé
de cette rumeur, il sort, deux pistolets en
main, va brider son cheval, et s'élance intré-
pidement au milieu de près de trois cents villageois, qui l'assaillissent avec des bâtons et

des fourches. Il faisait face à tous ; mais son cheval ne voulait plus avancer : il le quitte, s'enfuit aussitôt dans les vignes, et avec une vitesse si inconcevable, qu'en moins d'un quart-d'heure il eut devancé tout son monde de près d'une demi-lieue. Il s'arrêta alors pour reprendre haleine. Ce répit fut de courte durée ; on avait sonné le tocsin sur lui, et bientôt il se vit environné de toutes parts. Je vais rapporter ici les propres paroles de l'historien des Larrons, auquel je n'avais dû encore que la connaissance des faits ; je déguiserai seulement un peu l'orthographe du temps, en ce qu'elle pourrait fatiguer le lecteur. « Etant en ces extrémitez, dit-il, il perce de la seconde fois au milieu d'eux, et vint abbattre dans les valées de Sainct-Maur, où étant arrivé, il vit qu'il n'y avait qu'un seul moyen de se sauver, qui était de se jeter dans l'eau. Il prit le loisir, bien qu'on le poursuivist en dos, de se déshabiller, et laisse ses vestemens sur le bord ; puis, prenant son espée toute nuë dans ses dents, il se mit à la nage dans la rivière de Marne. Le rivage fut incontinent bordé de peuple : on prépare des bateaux pour le prendre, et, ce qui est admirable en son cou-

rage, c'est qu'il ne quitta jamais l'espée des
dents : quand il trouvait une petite isle , il s'y
reposoit et reprenoit haleine. Plusieurs se mirent dans les bateaux pour le prendre ; mais
il y en eut cinq ou six de blessez pour s'approcher trop près de luy. Enfin , il vint à la nage
depuis Sainct-Maur jusques à Charenton , où
le peuple , voyant qu'on ne le pouvait prendre
sans coup férir , on luy donna trois ou quatre
coups d'aviron sur la teste ; eela abbattit toutes ses forces, et fut pris. On le mena chez un
chirurgien pour le panser, car il estoit gran-
dement blessé ; et après avoir bandé ses playes, ·
il fut condamné, et par appel renvoyé à Paris,
où il mourut à l'aage de vingt-cinq ans, après
avoir fait des actes estranges et inouys ».

ARPALIN.

ARPALIN débuta par suivre une troupe de
Bohémiens. Il joua des gobelets, dit la bonne
aventure, dansa sur la corde, fit des sauts pé-
rilleux. Il fut bateleur, joueur, jongleur, et se
trouvait dans le véritable chemin de la gloire :

heureux s'il se fût contenté de se faire admirer par ces tours de souplesse et de passe-passe! il n'en serait pas moins illustre aujourd'hui, et sans doute il eût eu le plaisir de jouir plus long-temps de sa célébrité.

Tous les talens étaient innés en lui; il se montrait avec succès sous toutes les formes et dans toutes les diverses conditions. Aujourd'hui gentilhomme, ou soldat, ou capitaine, demain on le voyait manouvrier, ou petit-maître ou mendiant. Il était de tous les métiers, de tous les pays, connaissait toutes les sciences : artisans, magistrats, hommes d'épée, hommes de lettres; Allemands, Anglais, Italiens, Espagnols, tous le prenaient pour un de leurs confrères ou de leurs compatriotes. Il finit même par se donner pour un Arabe, et s'intituler médecin du roi de Perse; c'est-à-dire, qu'il se fit empirique, mot qui annonce la réunion de toutes les connaissances humaines, et débita en cette qualité des drogues qu'il assaisonnait d'un babil capable à lui seul de faire lâcher prise aux maux les plus opiniâtres. Il ne fut point satisfait de tous ces avantages. Tandis qu'il s'entretenait d'un air de bonhomie avec les artisans, d'un ton grave avec les magistrats, d'un air fanfaron avec les hommes d'épée, d'un ton scientifique avec les hommes de lettres, souvent on le surprit la main dans la poche, ou muni d'une petite paire de ciseaux, avec laquelle il s'essayait à couper la bourse de son voisin. Tout le monde sait que nos bons aïeux portaient leur argent dans un petit sac suspendu à leur côté, et c'est à détacher ce petit sac que consistait le talent des coupeurs de bourse.

Arpalin se mêla même de l'art d'évoquer les spectres et les démons. Il promettait aux avares de leur découvrir des trésors cachés; aux amans, de mettre fin aux rigueurs de leurs maîtresses; aux curieux, de leur enseigner tout ce qu'il y a de plus secret dans la nécromancie; mais son goût dominant était de couper les bourses. Déjà associé avec plusieurs hommes de mérite dans ce genre de talent, souvent même il s'emparait de celles de ses compagnons. Voici comment il s'y prit un jour pour parvenir à ce but. Voyant venir un homme de sa bande, nouvel adepte qui ne le connaissait point, il se laissa surprendre, et se vit bientôt le pistolet sur la gorge. Voilà ma bourse, dit-il alors, je vous la donne sans

résistance; mais pour que mon maître ne me
traite pas de poltron, obligez-moi de tirer votre pistolet sur mon chapeau et de le percer
d'une balle. Il jette son chapeau à terre, et le
larron le satisfait. Lorsque Arpalin vit que son
adversaire était privé du secours de son arme
à feu, il mit l'épée à la main, et prouva aussitôt à son homme, que, s'il s'était laissé voler,
ce n'était que pour mieux voler à son tour.

Arpalin se livra enfin tout à fait à cette noble profession, et devint le chef de sa bande.
Les coups les plus difficiles lui paraissaient
seuls dignes de lui. Un jour un Anglais, qu'il
avait accompagné à l'hôtel de Bourgogne, s'a-
perçut en sortant qu'on lui avait volé tout son
argent, hors une pistole. Parbleu, dit-il, on
ne m'attrapera pas celle-ci. Et il la met dans sa
bouche. Arpalin crut alors que celle-ci valait
la peine qu'il s'en occupât, et il résolut de se la
procurer. Tout à coup il tire son mouchoir,
laisse tomber exprès quantité de pièces d'or
et d'argent, et prie les personnes présentes de
l'aider à ramasser. Il se trouvait dans la foule
plusieurs de ses associés, auxquels il donna
le mot. L'Anglais s'étant baissé comme les autres, un des affidés se met à crier au voleur,

et prétend lui avoir vu lever une pièce d'or
qu'il a cachée dans sa bouche. Il n'y avait pas
à nier le fait, tout le monde en vit la preuve,
et l'Anglais fut ainsi obligé de donner sa dernière pistole à celui-là même qui avait déjà
toutes les autres.

Je cesse de m'occuper de ce personnage,
qui ne mérite plus que l'exécration publique :
il devint meurtrier.

―――――

PALIOLY.

Palioly était de Toulouse : ce fut un maître hypocrite. Il s'en allait aux églises, et particulièrement à Saint-Médéric, où, pendant
tout l'office, il restait à genoux, les mains
jointes, et paraissant plongé dans un profond
recueillement ; mais il faut dire que les mains
qu'il montrait si pieusement rapprochées n'é-
taient que des mains de cire, et que, pendant
ce temps-là, les véritables, cachées sous son
manteau, ne cessaient d'errer avec une prodigieuse activité sur tout ce qui l'environnait.
Quelques auteurs veulent que ce Palioly soit
le rusé larron qui se donna pour l'apôtre des

Gentils, et ils s'appuient, dans cette opinion, sur son exactitude à fréquenter les temples, où, pendant ses très-longues méditations, il avait le temps de remarquer les personnes qui pouvaient facilement être ses dupes; mais le plus grand nombre des écrivains fait honneur de ce tour à l'Eclair; et le nom de Fine-Oreille, son associé, m'a fait pencher en faveur de ce dernier sentiment. Il nous reste, au surplus, de Palioly, assez d'actions merveilleuses, pour consolider sa réputation.

Son extérieur de piété lui donnait une audace inconcevable. Un jour, dans l'église Saint-Germain, au milieu même du chœur, et pendant qu'on se préparait à la procession, il osa couper, sur le dos d'un chantre, près de la moitié d'une chappe de damas. Bientôt il obtint aussi facilement sa part des manteaux de toutes les personnes qu'il rencontrait. C'était un personnage né pour inventer. Déjà ses mains de cire avaient fait l'admiration de tous les émules dans son art, qui, par imitation, s'étaient fait faire des mains de bois à ressorts et recouvertes de gants; ils lui durent la nouvelle invention d'un instrument, dont il crut devoir faire

l'épreuve sur un riche bourgeois de la Place
Royale. Palioly était alors lieutenant de sa
bande. Il se fait suivre de deux des siens, et
se présente chez son homme, auquel il veut,
dit-il, communiquer quelque chose en particulier. Cette affaire intéressante consistait à
le prier de lui remettre une très-forte somme
d'argent qu'il devait avoir reçue la veille. Ce
bourgeois, au lieu d'admirer paisiblement une
si noble assurance, témoigna de la surprise, et
voulut faire du bruit. On lui glisse aussitôt dans
la bouche une petite boule de fer, qui, par le
moyen d'un ressort qui se détend, accroît son
volume au point de ne pouvoir plus être re-
tirée, et le silence du propriétaire étant alors
regardé comme un consentement, on prend
possession de la somme, qu'il veut bien laisser
emporter.

Telle fut la seconde invention de Palioly,
qui suffisait bien, selon moi, pour qu'on lui
dût épargner le soin d'en faire de nouvelles.
Cette boule de fer fut nommée *poire d'angoisse*, dénomination qu'elle justifiait bien.
Le bourgeois de la Place Royale, resté en cet
état, se trouva dans une cruelle perplexité,
car les serruriers eux-mêmes ne voyaient

aucun moyen de le délivrer ; mais Palioly ne voulait point sa mort, il lui envoya une clef qui le mit hors de peine : de manière que l'homme qu'il avait volé lui dut encore de la reconnaissance. De combien de manières différentes on peut obliger !

Quelque temps après, Palioly voulut, en plein jour, prendre le manteau d'un passant. C'était sur le Pont-Neuf. Il donne le mot à deux de ses associés, qui, feignant de reconnaître le personnage, l'accostent avec de grandes démonstrations d'amitié. Pendant qu'ils le saluaient et le tenaient par les mains, Palioly vint par derrière, détacha le manteau, et s'enfuit avec sa proie. Il joua une autre fois un tour à peu près semblable à un paysan, qui, assis au coin d'une rue, vendait des légumes. C'était alors l'usage des villageois de suspendre à leur cou le petit sac qui renfermait leur argent ; et celui-ci, pour se garantir des coupeurs de bourses, avait caché la sienne sous sa chemise. Cette précaution fut précisément ce qui la lui fit dérober. Palioly l'ayant remarqué, ordonna à l'un de ses compagnons, encore novice, de dépouiller ce malotru si méfiant. L'apprenti larron ne s'étant point senti de force à tenter une telle entreprise, son chef se mit en devoir de lui montrer son métier. S'approchant du paysan en se baissant, il le supplia de lui enlever quelque paille qui s'était introduite sous sa chemise, et l'incommodait beaucoup entre les épaules. Il savait bien qu'un tel service ne lui serait pas refusé, et c'était tout ce qu'il fallait : le paysan ne trouva rien, mais Palioly ne chercha pas inutilement. Je ne finirais pas de rapporter tous les tours qui signalèrent l'adresse et l'imagination de ce Personnage. Il suffira de dire qu'il mérita plus de mille fois d'être pendu. Il n'eut pourtant point cet honneur ; il finit par aller mourir dans les guerres d'Allemagne.

LUCROMIS.

Lucromis était né à Sens. Ce fut l'inventeur des échelles de cordes ; mais il avait débuté par beaucoup d'autres expédiens.

Un avocat très-célèbre, et qui demeurait rue Saint-Honoré, était parti depuis trois jours pour Melun, où il avait été appelé pour une consultation importante. Le matin, comme son épouse, encore au lit, s'entretenait avec une de ses sœurs, on annonce un inconnu très-bien couvert, et se disant gentilhomme, qui demande à communiquer sur-le-champ à madame une affaire qui l'intéresse particulièrement. Ce ne peuvent être que des nouvelles du mari et de la consultation : on fait prier le gentilhomme d'entrer. Celui-ci fait mystérieusement entendre qu'il ne peut s'expliquer devant témoins. La sœur se retire. « Eh ! monsieur, dit alors la dame extrêmement inquiète, quelle nouvelle avez-vous donc à m'apprendre ? — La voici en deux mots, répond l'inconnu. Il tire un pistolet de sa poche, et dit à l'oreille de la dame qu'il lui faut cent écus, et cela sans que sa sœur en sache rien. L'épouse de notre avocat ne sut trop d'abord si elle n'achevait pas quelque mauvais rêve, mais l'arme terrible était devant ses yeux, et l'inconnu l'invitait à prendre garde à ce qu'elle ferait. « Soyez tranquille, monsieur, lui dit-elle enfin, vous allez être satisfait ». Elle appelle sa sœur, et la prie de remettre cent écus à ce gentilhomme, commission dont la sœur s'acquitte sans défiance, et même

en le comblant de politesses. Celui-ci compta
son argent, et s'aperçut d'une erreur que l'on
vérifia paisiblement; il lui manquait une demi-
pistole : la sœur répara son étourderie, en
faisant beaucoup d'excuses, reconduisit l'é-
tranger jusqu'à la porte, et, après lui avoir
rendu toutes ses salutations, revint aussitôt,
fort empressée de savoir quel était ce charmant cavalier. La dame était à même de lui en
dire quelque chose, mais elle ne pouvait lui
apprendre le nom du personnage : le lecteur
est plus heureux; il se doute que c'est Lucromis, et en effet, c'était lui-même.

Notre gentilhomme ne réussit pas toujours
sans éprouver quelques contrariétés. Une nuit
qu'il venait de jeter son échelle de cordes du
côté de Saint-Jacques-la-Boucherie, et qu'il
était même à moitié monté, le Guet arrive, et
il n'a que le temps de s'enfuir. Chemin faisant, il vole un manteau; d'autres larrons le
rencontrent et le dépouillent à son tour. Il
tente enfin une nouvelle escalade aux environs de Saint-Etienne-du-Mont. A quelle
maison s'adresse-t-il? A celle où l'on avait
transporté l'homme qu'il avait dépouillée du
manteau, homme récalcitrant qu'il avait lé-

gèrement blessé, et que plusieurs personnes entouraient dans une pièce voisine de celle où il met pied à terre. Le moindre bruit a été entendu : on accourt, il est surpris ; on lui tend même un piége, en lui promettant sa grâce, s'il veut faire prendre ses complices...

Lucromis se trouvait dans un mauvais pas, il est vrai ; mais de quelles difficultés ne sait pas triompher un homme de génie ! Le larron feint de consentir à livrer ses associés. Il s'approche de la fenêtre, et donne un coup de sifflet ; mais en même temps il s'élance, et aussi prompt que l'éclair, se trouve glissé dans la rue, avant même que les spectateurs aient eu le temps de trouver la porte pour chercher l'escalier. Ainsi, deux fois l'inventeur des échelles de cordes pensa être victime de son grand zèle à faire l'épreuve de son procédé ; mais son propre ouvrage devait enfin lui devenir funeste. La découverte des secrets merveilleux presque toujours coûta cher à ceux qui en eurent la gloire : l'inventeur de la poudre à canon périt dans une explosion ; la troisième ascension de Lucromis fut suivie d'une quatrième obligée, qui termina son illustre carrière.

FILEMON.

« Ce coquin, dit l'auteur de l'Histoire des Larrons, ressemblait à Mercure, dont l'inclination estoit si grande à dérober, que dès qu'il eut le cul hors de l'escaille, les mains luy parurent devant les pieds, et prenoit tout ce qu'il rencontroit ; excepté qu'il ne fit point comme ces peuples de l'Amérique qui avoient peur en voyant des roses, et n'y osoient mettre les doigts, croyans que ce fust du feu : car voulant prendre le foudre de Jupiter avec les mains, il eut les cinq doigts rostis et grillez, d'où vient que depuis, ses mains furent crochues, aussi bien que celles des autres Larrons desquels il estoit le dieu, le protecteur et le patron ». C'est là, ce me semble, une grande preuve que Mercure fut un véritable escroc, et en même temps un magnifique éloge de Filemon, puisqu'il est dit qu'il lui ressemblait : on se souvient que j'ai déjà moi-même cité Mercure avec avantage.

Le siècle où vécut Filemon fut fécond en aventures extraordinaires. La suivante est remarquable. Un marchand de Beaune, nommé

Bonhomme, et qui n'était pas trop mal nommé, dont la mise et la tournure étaient même plutôt celles d'un bon fermier que d'un homme de commerce, était venu à Paris, muni d'une bourse bleue bien garnie, et courait la ville depuis plusieurs jours. Un soir, un de ses amis le voit arriver tout effaré, et accompagné de deux archers. — Ah! mon Dieu, s'écria Bonhomme en entrant, attestez donc, mon cher Blainval, que je ne suis point un voleur. — Comment? — De quelle couleur était ma bourse? Vous l'avez vue encore ce matin. — Elle était bleue, et vous aviez dedans plus de vingt-cinq pistoles. — Eh bien, messieurs, suis-je un imposteur? N'est-il pas vrai, Blainval, que je suis de Beaune en Bourgogne, ville située au pied du mont Afrique? Que j'y suis marchand de drap, propriétaire de plusieurs arpens de terre et ouvrées de vignes, domicilié dans une maison qui m'appartient, et pour preuve, tenant d'une part à?.... — Détails inutiles, interrompirent les archers; que monsieur, qui est domicilié à Paris, se donne caution pour vous, et sur sa parole, nous vous laisserons attendre en liberté que l'on ait pris de plus amples informations. M. Blainval dit qu'il

répondait corps pour corps de M. Bonhomme,
que c'était son plus ancien ami. Les archers
se retirèrent donc, et avec d'autant plus de
raison, qu'ils avaient déjà cinq ou six pareils
répondans, tous connus et domiciliés.

L'ami du Beaunois ne savait ce que pouvait signifier toute cette aventure, et le pressa
de la lui raconter. — Ne m'en parlez pas, répondit le marchand; je n'ai jamais vu un pays
aussi singulier que le vôtre; je viens d'être
volé, battu, humilié, mystifié, menacé, ou-
tragé de toutes les façons; je n'y conçois rien,
j'en perds la tête; il faut que j'aie ici quelque
ennemi particulier, ou que le diable s'en mêle.
Imaginez-vous (car je ne puis m'en taire avec
vous, et je vous crois trop convaincu de ma
probité pour que je redoute des soupçons de
votre part; ce qu'il y a de plus dépitant, c'est
que les apparences sont contre moi, et en vérité j'en suis encore tout confus....) Ici le Beaunois s'arrêta : il fallut que son ami le rassurât,
pour qu'il se décidât à continuer. Imaginez-
vous, reprit-il, qu'après avoir fait quelques
légères emplettes dans la ville, après lesquelles
il me restait encore mes vingt-cinq pistoles
net, et quelques monnaies, je vais au Palais,

j'entre à la Sainte-Chapelle, et je reviens dans
la grande salle admirer la foule des solliciteurs.
J'avais serré ma bourse bleue dans ma poche,
crainte de surprise. Je me promène donc. Un
bruit que j'entends me fait retourner. Je vois
un gentilhomme.... (c'était bien un homme
comme il faut, il avait même sous son bras
un sac de plaideur), donnant toutes sortes de
marques de désespoir; il s'écrie qu'on lui a
volé sa bourse; il dit qu'elle est rouge, et qu'il
y a dedans huit écus d'or et quatre pièces de
vingt sols. Tout le monde se rassemble autour de lui; je me joins aux spectateurs, et
comme eux je prends part à la peine de cet
honnête cavalier. Ne voilà-t-il pas qu'il me regarde fixement, dit me reconnaître pour
m'avoir vu près de lui à la Sainte-Chapelle,
et enfin m'accuse ouvertement de l'avoir volé.
Je n'en fis que rire d'abord. Je lui dis : « Monsieur, je suis de Beaune, je suis homme d'honneur et fort connu. Croyez-moi, vous vous
méprenez. » Je pensais que tout allait finir là,
point du tout. Mon gentilhomme me mène un
peu à l'écart; « mon ami, me dit-il, je ne veux
point te perdre; tu es un malheureux, rends-
moi ma bourse sans scandale, et cela sur-le-

champ, ou je ne te ménage plus. » Vous jugez
combien j'étais stupéfait de ce ton d'assurance.
J'avais cru volontiers jusque-là qu'il plaisantait. Mais est-ce pour tout de bon, lui dis-je,
que vous me demandez votre bourse? Corbleu, je vais me fâcher tout le premier, et
vous montrer à qui vous vous attaquez. J'élève
donc la voix; mais il se met lui-même à crier
bien plus fort, et me saisit au collet. Un huissier passe; il réclame son assistance, et veut
que je sois fouillé à l'instant. Cela était fort
humiliant : mais m'y refuser, c'était me faire
présumer coupable. Fort de mon innocence, je prends mon parti. Eh bien, que l'on
me fouille, m'écriai-je, on verra si l'on me
trouve une bourse rouge renfermant huit écus
d'or et quatre pièces de vingt sols. Je présente
ma poche, et l'huissier y met la main en présence de plus de deux cents spectateurs. Il
amène ma bourse bleue. Cette preuve de mon
innocence me rendit ma gaîté. Eh bien, eh
bien, répétai-je en riant à mon gentilhomme,
cette bourse est-elle la vôtre? Non, répond-il,
mais que l'on continue de fouiller. Je suis sûr
de mon fait. — Sûr de votre fait ! parbleu,
c'est fort. L'huissier met de nouveau la main

à ma poche.... En vérité, mon cher Blainval, n'allez pas me croire capable...... Ceci me passe, je vous jure que je suis innocent. M. Blainval ne put s'empêcher de sourire de cette nouvelle protestation, et serrant la main de son ami, il l'invita à poursuivre.

Le Beaunois reprit : L'huissier amène d'abord une paire de ciseaux. Je veux bien que le diable m'emporte si j'en avais jamais porté sur moi. Ah! le misérable! s'écrie-t-on de toutes parts. Fouillez, fouillez. Il recommence, et fait paraître, quoi? la bourse rouge. Je vous avoue qu'à cette vue, je devins moi-même aussi rouge que du feu. Je voulus balbutier quelques mots ; mais tout le monde tomba sur moi, et je me vis roué de coups. Je m'arrache enfin de la foule, et me disposais à quitter ce lieu diabolique, lorsque j'entends un autre gentilhomme qui s'écrie : Ma bourse! ma bourse! on m'a volé ma bourse. C'était bien encore un homme de très-haut parage, un homme fort bien couvert. Mais voici quelque chose de bien plus alarmant. Il crie que sa bourse est bleue. Ventre de moi, me dis-je, je suis perdu; elle ressemble à la mienne. Que fais-je? Je me cache derrière un pilier, et glisse ma bourse dans mes chausses. La multitude heureusement s'était dispersée ; mais de nouveaux curieux se rassemblaient. Quelques témoins de mon aventure m'aperçoivent ; tous les yeux se portent sur moi ; le nouveau gentilhomme volé m'apostrophe, le même huissier vient encore à passer, et une seconde fois il est question de me fouiller. Je n'osais ni avouer ni nier que j'eusse une bourse bleue. Quelle perplexité ! on amène encore les ciseaux, ce fut tout ce qu'on trouva dans mes poches. Mon accusateur veut alors que l'on cherche dans mes chausses. Il n'y avait plus à délibérer. Je confesse que j'ai une bourse bleue ; mais je proteste qu'elle m'appartient bien. Je prends l'huissier lui-même à témoin qu'il l'a déjà trouvée sur moi. Ce n'est pas une raison, me répond-il, pour dire qu'elle n'ait pas été volée. Je suis sommé de la montrer. Le gentilhomme me l'arrache des mains, se hâte de la dénouer, vérifie s'il y a bien vingt pistoles. Dieu soit loué ! s'écrie-t-il après avoir compté, je retrouve tout mon argent ! Je criais comme un forcené, m'arrachais les cheveux. Les spectateurs, au lieu d'avoir pitié de moi, se mettent encore à m'accabler de coups, et

je ne sors de leurs mains que pour me voir
entre celles des archers, qui allaient me conduire à la Conciergerie, si heureusement je
ne me fusse réclamé de tous mes amis, au témoignage desquels ils me firent la grâce de
vouloir bien s'en rapporter. Mais que pensez-
vous donc de tout cela, mon cher Blainval ?
— Je pense qu'avec tous vos gentilshommes,
vous avez en affaire à Filemon et à sa troupe.
— Et qu'est-ce que Filemon, je vous prie ? —
L'escroc le plus rusé que l'on ait jamais vu.
— En effet, ils m'ont joué là des tours fort
subtils. Ce sont d'adroits escamoteurs ; je ne
retourne pas à Beaune que je ne les aie vu
pendre. »

Les vœux du Beaunois furent comblés ;
mais il eut encore quelque tems à attendre.
Un conseiller de la Cour des Aides devait auparavant être dupé à son tour, et encore plus
adroitement s'il est possible. Il était rappor-
teur dans une affaire très-importante, et sa
partie crut exciter son zèle en lui offrant un
très-beau vase d'argent doré. Ce magistrat,
homme intègre, refusa le présent. Un associé
de Filemon, qui s'était glissé dans l'appartement, vit le vase, et se défiant de ses pro-

pres forces dans une occasion si importante,
courut avertir son chef, qui arriva au moment où les plaideurs, ayant fini par laisser le
vase sur la table, traversaient la cour pour
s'en aller. Il les accoste, s'informe d'eux quel
est leur procès, se dit des parens de M. le
conseiller, et après les avoir entendus, leur
promet de solliciter un mûr examen de leurs
pièces.

Il monte aussitôt à l'appartement du magistrat, se présente de la part de M. de Nemours,
et recommande en effet nos plaideurs, se disant envoyé exprès par M. le duc. Le conseiller répondit que tout son désir de se rendre
agréable à M. le duc de Nemours ne pouvait
ajouter à son zèle, que sa conscience était
constamment son guide. « C'est ce que je
viens de dire aux parties mêmes, ajouta-t-il,
qui m'ont ici importuné et contraint de prendre ce vase, que je n'accepterai pourtant pas
sans le leur payer. » Filémon, regardant le
vase, se mit à en admirer la beauté. « Permettez-moi donc de l'examiner, dit-il; on m'en
a dernièrement dérobé un, qui, à la vérité,
n'était pas de moitié si grand, mais qui était
fait absolument de même, et sans doute était

du même ouvrier. Toutes les fois que je songe à ce tour qu'on m'a joué, je ne puis m'empêcher de rire, tant il est plaisamment imaginé. Il faut que je vous le raconte. Figurez-vous qu'un homme, assez bien mis, m'apporte une lettre de la part de monsieur le duc de Nevers. Il voit le vase sur ma table. Oh! oh! dit-il, voilà un superbe morceau!.... (permettez-moi, en vous rapportant ses paroles, d'imiter tous ses mouvemens). Il s'approche donc en gesticulant, regarde le vase avec attention, veut juger du poids, le tourne et le retourne en ses mains..... Combien vous a-t-il coûté? me demande-t-il : au moins cent pistoles, n'est-ce pas? — Oh! pas autant que cela, répondis-je. Et tenant le vase comme vous voyez que je le tiens, il ne cessait de le peser en le tournant et le retournant... Mais comme ma vue se portait d'un autre côté (examinez bien ce mouvement), mon homme s'éloigne peu à peu, lève la tapisserie et se sauve. » Le conseiller, à chaque mouvement imité, riait de tout son cœur d'une si plaisante comédie, et il redoubla en voyant avec quelle promptitude Filemon se glissa en effet derrière la tapisserie. Lorsqu'il eut bien ri, en attendant que son acteur reparût ; comme enfin il n'entendait plus personne, il lui vint tout-à-coup un soupçon, et qu'il trouva bientôt justifié. Filemon avait non-seulement ouvert et refermé la porte, mais l'avait même barricadée en dehors, de sorte qu'il était déjà fort loin, avant qu'il fût possible de crier sur lui. Le magistrat n'eut d'autre parti à prendre que de payer de ses propres écus un vase dont il n'avait pas joui ; ce qu'il fit en effet, malgré l'opposition des parties, qui gagnèrent leur cause.

Filemon fit encore bien d'autres tours ; mais je ne veux pas trop retarder le départ du Beaunois, et je suppose ici le dénouement. Ce fut ce Personnage et ses compagnons qui, voyant un paysan occupé, en place de Grève, à regarder une exécution, lui dérobèrent son âne entre ses jambes, et finirent par le laisser tomber au milieu de la foule, au moment où la tête du criminel tombait sous la hache du bourreau.

CARREFOUR.

Un seul trait de ce Personnage suffira pour l'illustrer. Il avait vu chez un ministre de riches tapisseries qui le tentaient. Un autre eût eu recours à mille expédiens pour s'en emparer; Carrefour y réussit d'une manière toute simple. Il était chef de bande : il se fait accompagner de deux des siens ; ils arrivent en plein midi avec des échelles, entrent dans l'appartement où se trouvaient beaucoup de personnes qui attendaient leur tour pour avoir audience. En présence de tout ce monde, qui les prend pour des tapissiers et s'imagine qu'ils ont ordre de remplacer ces tentures déjà fort belles, par d'autres plus belles encore, ils les détachent toutes et les emportent, laissant les spectateurs, entre quatre murs hideux, admirer la magnificence du maître de la maison.

ADRASTE.

L'HISTORIEN rapporte « qu'Adraste fit plus de métiers qu'Archimède n'en eust sceu nombrer en une heure avec toutes ses mathématiques. Il ne se contentait point, ajoute-t-il, d'avoir été espinglier, dominotier, rataconneur de gregues, crieur de noir à noircir, ramasseur de haillons, vendeur d'huistres à l'écaille,

porteur de rogatons, savetier à triple semelle,
tireur de laine, laquais, pourpointier, cher-
cheur d'escargots, vivandier, horloger, etc. »
Il était né à Pontoise, et voyagea fort jeune.
Il paraît que passant en Italie, il avait eu le
bon esprit de sauver la vie au prévôt d'une
petite ville : celui-ci fut assez reconnaissant
pour la lui sauver plus de vingt fois, mais ce
ne fut pas sans lui faire souvent de vives re-
montrances et l'engager à se rendre un peu
moins célèbre. La réputation d'Adraste était
déjà solidement établie dans tous les royaumes
où il s'était arrêté ; il n'était pas moins fameux
dans les rues de Paris, et la place de Grève
surtout, enviait à l'Italie l'honneur de récompenser un si grand personnage.

Les ruses d'Adraste étaient si étonnantes, que
le prévôt crut enfin qu'il y entrait de la magie.
Le larron, pour le dissuader, lui proposa de
se laisser jouer à lui-même un tour qui lui paraîtrait surnaturel, et dont il lui dévoilerait
ensuite tout le mystère. Il gageait lui, Adraste,
cinquante écus contre le prévôt qu'il viendrait
la nuit prochaine lui enlever, malgré lui, le
lit même dans lequel il serait couché. Ceci
était fort. Le prévôt accepta la gageure. La

nuit venue, il se couche avec impatience. On pense bien qu'il ne s'endormit pas. Sur le minuit, il entend des coups sourds et répétés au-dessus de sa tête. Il faut dire que la maison de ce magistrat n'était que de deux étages, qu'il habitait le plus élevé, et n'était séparé du toit que par un léger plafond. Adraste, qui se faisait une ouverture à travers ces deux séparations, mit bientôt son homme en état de considérer les étoiles, et cependant le prévôt riait dans sa barbe, en disant : « Ce n'est pas le tout de se faire une ouverture par laquelle le lit puisse passer, il s'agit de l'enlever malgré moi ; et certes j'ai gagné cinquante écus, en outre des dommages et réparations que je serai en droit d'exiger ». Comme il faisait ces réflexions, il entend le bruit d'un homme tombé roide mort au milieu de l'appartement. Il se lève en hâte, et reconnaît Adraste. Le prévôt, qui aimait ce mauvais garnement, déplora son malheur et son imprudence. Voyant enfin qu'il était absolument sans vie, et craignant de se compromettre, s'il gardait ce cadavre chez lui, il appelle un de ses valets, lui montre le passage que ce voleur s'était fait pour s'introduire dans sa maison

et lui dit de l'aider à le porter dans la rue.
Ils se mettent donc aussitôt en marche, et
vont le déposer assez loin. Ce convoi dura
plus long-temps qu'ils ne l'eussent voulu, car
ils furent surpris par le Guet; mais le prévôt
s'étant fait connaître, au lieu d'avoir à se
disculper, il n'eut que des excuses à recevoir.
Il revient donc, empressé de se remettre au
lit; mais quelle est sa surprise, en rentrant,
de ne plus l'apercevoir. Le lit était enlevé, et
la gageure perdue.

Maintenant, pour donner le mot de l'é-
nigme, je dirai que le cadavre était celui d'un
pendu, dont les traits avaient beaucoup de
ressemblance avec ceux d'Adraste, et que
notre larron avait eu soin de vêtir exactement comme il était vêtu lui-même. Ce stratagème parut si ingénieux au prévôt, que,
voulant en récompenser l'auteur, il le fit
archer.

Cette nouvelle profession n'empêcha point
Adraste de se livrer souvent à l'ancienne.
Ayant fait connaissance d'une femme galante
qui avait mis de côté quelques épargnes, il
imagina de l'épouser, afin d'obtenir d'elle la
clef de son trésor, et dès le surlendemain de

ses noces, il s'enfuit avec huit cents écus. Il arriva à Florence, et parvint à inspirer de l'amour à une autre femme, dont les plus grands charmes à ses yeux étaient une chaîne de diamans qu'il convoitait beaucoup. Ayant donc redoublé d'ardeur dans ses protestations d'amour, il obtint la faveur insigne de passer une nuit avec sa belle : c'était là certainement combler tous ses vœux....

> O vous, amans, vous qui savez aimer,
> Vous voyez bien l'extrême impatience....

Ce moment arriva. Les heures du plaisir s'envolèrent, et la belle s'endormit. Quant à Adraste, il ne put encore fermer les yeux, car son amour était loin d'être calmé. Prenant bien son temps, il se lève, va trouver les diamans : ne sachant où les bien cacher, il prend le parti de les avaler l'un après l'autre, et après cela, il ne songea plus qu'à regagner le lit pour faire un bon somme ; mais son malheur voulut qu'en revenant il heurtât des tables et des fauteuils, qui tombèrent pêle-mêle, et avec un bruit si épouvantable, que la dame se réveilla tout effrayée, et crut que son appartement était rempli de voleurs. Adraste la rassura aussitôt en lui disant qu'il y était seul, et prétexta une indisposition, qui la tranquilisa au point qu'elle tarda peu à se rendormir : lui-même alors il s'abandonna aux charmes du sommeil.

La belle fut plus matinale que lui. Ne retrouvant pas ses diamans, l'indisposition du galant lui revint à l'esprit. Ses questions à tous ses gens l'ayant confirmée dans ses soupçons, elle rentre auprès d'Adraste, qui faisait semblant de ronfler, s'empare de ses habits, les fait fouiller : comme on n'y trouve rien, elle se jette sur le dormeur, qui feint de s'éveiller en sursaut, et elle veut lui arracher les yeux, s'il ne lui rend pas ce qu'il lui a dérobé. « Y pensez-vous, ma tendre amie ? lui disait Adraste : y pensez-vous de m'accuser si injurieusement, moi qui ne respire que pour vous ? » Ces galans propos ne pouvaient émouvoir la dame aux diamans. Pour comble d'embarras, voici venir la dame aux huit cents écus, qui, ayant couru sur la trace de son mari, et obtenu contre lui une prise de corps, se présente avec des archers. Adraste, entre ces deux femmes qui semblaient deux Furies,

II. 4

aussi confus qu'un renard qui se voit pris au piége, et n'opposant qu'une extrême douceur, eût volontiers paru un ange entre deux diables. Autre perplexité. La seconde femme, obligée de céder le pas aux poursuites judiciaires de sa rivale et bien conseillée en ce moment, représente aux archers que, ne pouvant retrouver ses pierreries dans les hardes de cet escroc, elle présume qu'il les a avalées, et leur demande en grâce de permettre qu'avant de sortir, on lui injecte par l'anus une potion laxative et dépurative. Les archers se rendent à sa prière. Adraste est donc posté, seringué, clystérisé ; mais apparemment le repas nocturne, fait un peu gloutonnement, lui était resté sur l'estomac : on ne vit paraître aucun indice des mets précieux. Arrivé en prison, la digestion se fit. Un diamant lui suffit pour corrompre le geôlier. Il passa aussitôt en France, et arriva à Paris, où j'ai dit qu'il était attendu avec une vive impatience.

MAILLARD.

Ce Personnage est le dernier dont je devrai la connaissance à l'Inventaire général de l'His-

toire des Larrons, c'est-à-dire, que je quitterai
les anciens pour m'occuper des modernes.
Maillard est digne de compléter cette liste. Ce
fut encore un homme fertile en ressources, et
qui fit tous les métiers : mais les productions
de son génie avaient un caractère distinctif
d'originalité, et ne doivent pas le laisser con-
fondu dans la foule des serviles imitateurs. Il
créa même plusieurs ruses admirables. « Le
» matin, dit son historien, il se barbouilloit le
» nez de sang de bœuf, feignant d'estre malade
» du haut-mal, et avec cette industrie, il se
» campoit sur les advenuës du Louvre, et fai-
» soit le démoniacle, et se faisoit tenir à qua-
» tre : de sorte que le soir il s'en retournoit
» dans le fauxbourg de Montmartre, lieu de
» sa demeure, et se faisoit traiter le corps
» comme un grand personnage ; quelquefois
» il se faisoit souffler, et eussiez dit qu'il estoit
» hydropique, tant il contrefaisoit bien le ma-
» lade ; tantost il renversoit tous ses mem-
» bres, comme s'il eust voulu entasser Osse
» sur Pélion, et de nouveau escalader le ciel,
» et détrosner Jupiter du haut de l'Olympe ».
Je renvoie ici au DISLOQUÉ de mes Personnages vivans, auquel je ne suppose certaine-

ment point les mêmes vues d'intérêt personnel, mais qui n'en est que plus admirable par
l'étonnante flexibilité de ses membres, toute
consacrée à la gloire des rues de Paris.

Maillard est l'auteur d'un stratagème fort
connu, qui consista à lever chez un orfévre
un superbe calice au nom du prieur des Cor-
deliers, et à prier le marchand d'envoyer avec
lui son commis; celui-ci, au lieu de toucher la
somme due, reçut un beau sermon du religieux, auquel le larron avait fait accroire que
c'était un de ses parens qu'un excès de dé-
bauche et d'irréligion entraînait hors de la
voie du salut. Il eut un jour une aventure qui
lui donne quelque ressemblance avec Adraste,
pour le talent de bien cacher ce qu'il dérobait.
Il n'avait pourtant pu avaler son butin, car ce
n'était rien moins qu'une bourse très-bien
garnie, qu'il avait enlevée en se promenant
dans la salle des tableaux au Louvre. Atteint
sur la place Saint-Germain-l'Auxerrois, il est
mené chez le commissaire : on le fouille, on
le déshabille, on lui ôte même sa chemise; il
est nu comme la main, et rien ne paraît encore. Où donc avait-il attaché le sachet précieux que gonflaient tant de pistoles, source

du violent amour qui toujours l'entraînait à de nouvelles incartades?.. *Affè lo vo castrare,* chantait Scaramouche , l'un de nos gais Personnages d'Imagination, *acciò lasci e non torni più ad amare.* C'est ce que tout le monde s'écria enfin , même le beau sexe présent à cette scène , qui, ne prenant point la chose au figuré,

> Pleurait le traître, en rendant grâce au ciel ,
> Et mesurant des yeux le criminel. . . .

Notre Hercule n'avait pas complété encore le nombre de ses travaux : ce n'était là que le rapt des pommes d'or du jardin des Hespérides, il courut soulager Atlas, en soutenant quelques momens à sa place le ciel sur son dos , dompter les Centaures, nétoyer les étables d'Augias, et eut même le dessein de massacrer plusieurs monstres. Tout cela, pour parler sans métaphore , signifie qu'étant ensuite allé à Amiens, et ayant réussi par ruse à faire convaincre d'un vol le bourreau de cette ville auquel il en voulait, il fut lui-même chargé de l'exécution de l'exécuteur, et qu'il lui épousseta soigneusement les épaules, pour les avoir époussetées aux autres; qu'ensuite, il s'avisa de dévaliser un coche, et eut à combattre plusieurs rebelles, qui finirent pourtant par lui laisser la victoire : là se terminèrent les travaux du nouvel Hercule. Ce fut peu de temps après qu'il descendit aux Enfers, et l'histoire ne dit pas qu'il en soit revenu.

CARTOUCHE, NIVET, RAFIAT, POULAILLER.

Voici des modernes en nombre : il n'en faut pourtant qu'un pour éclipser tous les bandits précédens. Cartouche à lui seul les surpasse tous, et sa vie offre la réunion de tout ce que chacun d'eux avait su faire pour s'illustrer. Quelques-uns de ces rapprochemens vont répandre sur mes détails un petit air de nouveauté tout à-fait piquant ; j'avoue que, si je n'eusse fait cette observation extrêmement importante, notre Personnage est tellement connu, que je me fusse contenté de le nommer.

Tout le monde sait donc, ou tout le monde est censé savoir, que Louis-Dominique Cartouche était né à Paris, en 1693 ; qu'il était fils d'un tonnelier demeurant à la Courtille , près de la fontaine aux Echaudés ; qu'il étudia chez les Jésuites ; que sa vocation s'y décela, et qu'il s'éprouva lui-même en dérobant cent écus à l'un de ses camarades de classe ; que le petit personnage s'enfuit alors, et tomba entre les mains de Bohémiens qui lui volèrent ce qu'il avait volé ; qu'il revint ensuite à Paris, se signala par divers tours déjà fort admirables ; que , sur ces entrefaites, il se trouva enrôlé par surprise , alla faire une campagne ; que la paix ayant été signée , loin de poser les armes, il voulut de simple soldat devenir tout à coup capitaine, se piqua même d'avoir tous les talens d'un grand général , et déclara enfin à tout venant un autre genre de guerre, d'abord assez profitable , mais qui, malheureusement pour lui, se termina à ses dépens. Passons de cette récapitulation préliminaire aux développemens qui vont le placer au-dessus de tous ses modèles. Veut-on revoir Filémon plus adroit encore avec son Beaunois, ou Maillard plus heureux avec son gentilhomme, ou Arpalin plus audacieux avec son Anglais ? Ecoutons Cartouche lui-même dans le récit de ses *Amours et Aventures*, livre imprimé à Londres. « Je m'étais placé, dit-il, au Saint-Esprit, église fameuse à Paris pour la belle messe qui se dit à une heure, près d'un gros dévot qui avait une superbe taba-tière. La foule était grande ; il mettait sa boîte dans la poche de son habit ; je saisis le mo-ment de l'élévation, où je le vis couché sur sa chaise, pour glisser ma main gauche dans cette poche. Si Janus avait des yeux derrière la tête, cet homme en avait où sont les oreilles ; il me vit, et ne voulant pas troubler le mys-tère, il attendit une minute, me serrant si fortement le poignet, que je n'aurais pu m'é-chapper qu'en le jetant à terre. Me voyant pris, ou à peu près, je m'approchai encore plus, feignant de lui demander grâce tout bas, et, de la main droite, j'enlevai la boîte que tenait la gauche : alors la donnant à mon second, qui, me voyant embarrassé, était venu à mon secours, je me relevai, et lui dis : Monsieur, de quel droit retenez-vous ma main ? Je n'ai pas voulu nuire à votre dé-votion, j'ai attendu ; vous voyez combien nous sommes pressés, votre poche est large et en-tr'ouverte, j'ai cru mettre la main dans la mienne. — Misérable! répond-il élevant la voix, ne m'as-tu pas volé ma boîte? — Moi? quelle horreur! — Dans l'instant, je viens de m'en servir, et tu la tiens encore. — On écoute, on regarde; je me plains de l'injure, je suis le premier à demander qu'on nous mène dans la sacristie. Je me laisse entourer, je soutiens que je n'ai pas quitté ma position, cela était connu; que le plaignant tenait encore mon bras que je lui laissais paisiblement; que je voulais être fouillé jusques aux cheveux, et être reconnu pour galant homme. Le dévot consentit à tout; les Suisses approchèrent. Arrivé dans la salle, je demandai qu'on laissât entrer le plus d'honnêtes gens qu'il serait possible, pour être témoins de ma probité, et de l'entêtement punissable du prétendu volé. On me fouilla avec la plus scrupuleuse exactitude. Mon ennemi criait : Poursuivez, poursuivez, je suis sûr que ma boîte est sur lui, je la lui ai sentie dans la main. Les recherches furent inutiles : si j'avais caché une épingle, on l'eût trouvée. Les spectateurs étaient indignés; les femmes surtout comblèrent de plaisanteries assommantes le pauvre nigaud. Quand il fut bien vérifié que j'étais irréprochable, l'ancien maître de la boîte me dit : — En honneur, ceci me passe ; il y a de la magie, et je suis obligé de vous laisser aller. — Comment! laisser aller? — Croyez-vous pouvoir impunément manquer à la dignité du lieu et aux égards que des citoyens se doivent? Je le suis comme vous, et j'exige une réparation : quelque authentique qu'elle puisse être, elle ne sera jamais égale à votre insulte. A ces mots, il demanda à me parler en particulier ; je me fis prier pour céder. Il me dit : —Dieu et vous savez seuls le vrai de l'aventure ; je n'aime point les discussions, je ne vous demanderais pas excuse pour un million ; mais désistez-vous de toute poursuite, retirez-vous, voilà ma bourse. Elle était assez grasse ; je la pris, disant que la position critique d'un ami, que je ne pouvais obliger, m'y déterminait. Je ne le vis plus, et sortis fort content de ma messe ».

Ainsi que l'Eclair et Fine-Oreille, Cartouche savait aussi épier de près les dévotes, et s'y prendre d'une manière tout-à-fait aimable pour les mettre à contribution. Comme il était à Londres, il remarqua, dans l'église Saint-Paul, une dame fort pieuse, dont les

doigts étaient ornés de bagues du plus grand
prix : il veut se les procurer honnêtement.
Il s'était aperçu, à quelques légers mouvemens de cette dame, qu'elle avait les nerfs
fort délicats. Que fait-il? Toujours accompagné d'un second, et souvent d'un troisième, il avait ordonné à l'un d'eux de se
munir d'un grand flacon rempli de l'ambre
le plus fort. L'associé lui en offre : Cartouche
le repousse comme ne pouvant supporter
cette odeur; le flacon tombe, et se brise aux
pieds mêmes de la dame, qui, suffoquée par
l'exhalaison d'une telle quantité d'essence, se
trouve mal. Cartouche, après avoir durement
apostrophé le maladroit, fait l'officieux auprès de la dame, lui donne à respirer de l'eau de
Luce adoucie, veut en ondoyer ses mains,
et craignant de gâter les bagues, fait remarquer à tout le monde qu'il les serre dans sa
poche. La dame enfin recouvre ses sens; il
lui fait mille excuses, il en reçoit des remer-
cîmens de tant de soins et d'attentions, et
tous les spectateurs eux-mêmes le comblent
d'éloges. Il demande alors la permission de
replacer les bagues, et en substitue de tellement ressemblantes, que la dame fut peut-

être plusieurs jours à reconnaître qu'elle lui devait autant d'admiration pour son adresse, que de reconnaissance pour ses soins.

Il ne fit pas usage de la pierre d'angoisse de Palioly, mais il y substitua un expédient qui n'est peut-être pas moins ingénieux : il introduisait, dans la bouche des récalcitrans, une espèce de bouillie, qui les tenait, pendant une heure au moins, dans l'impossibilité d'articuler un seul mot.

Nous avons parlé de Carrefour, qui vint en plein midi détendre les tapisseries du salon d'un ministre et les emporta ; ce petit tour de gibecière le rend-il seulement digne d'être comparé à Cartouche, qui trouve le moyen de s'approprier le nom, la maison et les propriétés d'un jeune homme depuis long-temps parti pour l'Amérique, en se donnant pour cet absent généralement regretté, et se faisant reconnaître de la mère, de la sœur, de la famille et de tous les compatriotes du voyageur ? Cléomas, bravant tous les habitans réunis de Charenton et des environs, ne montre pas plus de courage que Cartouche assiégé par cinq ou six cents Parisiens, et sortant fièrement le pistolet à la main.

Il ne fut pas sans se trouver souvent dans une cruelle anxiété, et en cela, il ressembla parfaitement à Adraste clystérisé. En voici un exemple. « Il demeurait, dit son historien, en chambre garnie dans la rue Saint-André-des-Arcs, et il avait deux laquais, auxquels il avait donné de belles livrées. Un d'eux qui se mêlait d'avoir, comme son maître, des maîtresses entretenues, lui vola une somme considérable pour payer la pension de ses belles. Son maître le fit prendre, il fut mené au Châtelet, et interrogé le lendemain. Il protesta qu'il était innocent, qu'il ne savait rien de ce qu'on lui imputait, et que, s'il y avait un voleur dans la maison, c'était celui-là même qui l'avait accusé d'en être un. On rapporta ce discours à Cartouche; il appréhenda que cela ne fît une mauvaise impression sur l'esprit des juges, et qu'ils ne s'avisassent de vouloir vérifier cette accusation. Tandis qu'il était dans ces transes mortelles, et sur le point de se cacher, un exempt de M. d'Argenson vint lui ordonner de sa part de le suivre chez ce magistrat qui l'attendait. Il obéit en tremblant, et il demeura dans la grande chambre d'audience :

elle était pleine de gens qui étaient cités comme lui. Enfin, M. d'Argenson sortit de son cabinet et expédia encore deux ou trois affaires... On passa ensuite à l'examen de celle qui avait fait appeler Cartouche, et un huissier lui fit signe d'approcher. Il était pâle comme un mort... » Il en fut pourtant quitte pour la peur; il ne s'agissait que de quelques renseignemens sur un duel dont il avait été témoin. Une autre aventure ne lui causa peut-être pas moins de frayeur. Il avait fait rassembler, pendant la nuit, tous ses bandits sur le boulevard, et les y avait passés en revue. Un mendiant ivre qui était couché dans un fossé, aperçut, à la clarté de la lune, un grand nombre d'hommes armés, et l'un d'entre eux donnant des ordres que tous recevaient dans l'attitude du plus profond respect. Voyant ensuite ce grand personnage venir seul de son côté, il courut à lui, en s'écriant : « Monseigneur le général, ayez pitié d'un pauvre homme qui meurt de faim ».

Cette apostrophe était de nature à exciter la surprise et la défiance de Cartouche. Lorsqu'il fut instruit des circonstances auxquelles il la devait, et qu'il comprit le quiproquo, il

en rit et de bon cœur, car il n'était pas sans
avoir des prétentions réelles au titre qui venait de lui être donné, témoin la lettre suivante à madame de Ségur, qu'il lui fit trouver
un matin sur sa toilette :

« Madame,

» Comme je suis instruit de tout ce qui se passe à la
ville et à la cour, j'ai su que depuis deux jours vous
avez parlé de moi d'une façon avantageuse au régent
monseigneur le duc d'Orléans, et que vous lui avez
dit qu'un homme comme moi eût pu faire un bon général d'armée : je suis très-reconnaissant de la bonne
opinion que vous avez de ma personne ; et pour vous
prouver ma gratitude, j'ai fait mettre dans votre cave
cent bouteilles de vin de Champagne, que j'ai eu soin
de choisir excellent. Je joins à ce petit présent mon
cachet. C'est un sauf-conduit à toute épreuve, et
vous pouvez marcher en sûreté dans Paris, à quelque
heure que ce soit, sans craindre aucune mauvaise
aventure.

» Je suis avec respect,

» Madame,

» Votre très-humble et très-
obéissant serviteur,

CARTOUCHE. »

Je dois cette anecdote au *Nouveau Maga-sin Français*, ou *Bibliothèque instructive et amusante* ; Londres, 1751. « Madame de Ségur, ajoute l'auteur de cet ouvrage, extrê-mement surprise de cette aventure, se sou-vint qu'effectivement elle avait parlé de Cartouche au régent. Elle se hâta d'envoyer visi-ter sa cave, et y trouva les cent bouteilles qu'on lui avait annoncées. Elle conçut de grands soupçons contre ses domestiques, et voulait faire maison neuve ; mais ses amis lui conseillèrent de se fier à l'honnête voleur qui lui avait promis sa protection, et qui ne per-mettrait pas qu'elle fût volée. D'ailleurs, tout Paris était plein de Cartouchiens, et peut-être n'eût-elle fait que troquer des voleurs contre d'autres. Quoi qu'il en soit, il est cer-tain qu'elle ne s'aperçut jamais qu'on lui eût fait le moindre tort ».

Cartouche avait un très-jeune frère, assez joli enfant, qu'il avait associé à ses exploits, et qui déjà faisait des prodiges....

> Dans les âmes bien nées,
> La valeur n'attend pas le nombre des années.

Il est vrai que son talent précoce avait été

excité par toutes les lumières réunies de l'art
et de l'expérience ; je veux dire qu'on l'avait
soigneusement exercé au mannequin ; et ce
mannequin, tout garni de sonnettes, doit
être dévalisé dans tous les sens, sans qu'aucune ne se soit fait entendre. Le petit bonhomme était appelé *le Chevalier;* un bandit,
costumé en galant abbé, passait pour son pré-
cepteur, et l'accompagnait partout. Ici les
Mémoires du chef célèbre nous offrent une
agréable digression en faveur de l'élève et du
maître. « Un jour, dit-il, le chevalier et lui
étaient dans une loge à l'Opéra, vêtus tous
deux avec goût : deux dames chargées de
diamans s'y étaient placées avant eux. Les
dames trouvèrent le chevalier d'une aimable
figure ; ce fut bien mieux quand elles l'eurent
entendu, il était plaisant : on lui donna des
pastilles prises dans des bonbonnières superbes, on fit des nœuds avec des navettes précieuses, on consulta des montres garnies de
brillans ; c'étaient pour ces messieurs deux
mannequins excellens. L'abbé, pour ne pas
gêner, voulut être sur le second banc : pendant le spectacle, il ouvrit avec des ciseaux
les sacs à ouvrages, en tira les navettes ; peu

avant que la toile tombât, il prit les tabatières dans les poches. Le chevalier était placé entre les dames; mais éclairé par trop de lumière, il n'avait pu opérer encore, il attendait la sortie de la salle. Le moment arrivé, donnant la main à une de ces femmes, et la lui baisant avec expression, il en détacha un beau diamant. Il pleuvait; l'abbé voulait prendre congé, mais on offrit de les reconduire. Le chevalier dit qu'il était à pied, parce qu'il ne demeurait qu'à deux cents pas, rue de Richelieu; les dames insistèrent, elles furent obéies: l'abbé nomma au cocher un hôtel qui perçait sur le jardin du Palais Royal. Pendant le trajet, le chevalier fut pétillant, et dit mille folies qui le firent trouver charmant. Près d'arriver, il demanda la permission d'embrasser des dames si bienfaisantes; elle lui fut accordée, et pendant qu'il les remerciait, avec plus de feu qu'un jeune homme moins instruit n'en aurait mis, se penchant un peu sur elles, favorisé par le mouvement de la voiture, il leur prit deux montres superbes. Le carrosse s'arrêta, mes fripons descendirent, et on ne les revit plus ».

Si Cartouche surpassa tous ses modèles, il

jouit aussi d'une célébrité cent fois plus grande que celle de chacun d'eux : il ne fut pris que par la trahison d'un des siens. Cette capture fut un événement public ; elle fut annoncée au roi : les théâtres célébrèrent aussitôt cette nouvelle importante. Les Italiens donnèrent *Arlequin Cartouche,* les Français représentèrent les *Fourberies de Cartouche,* à l'imitation de celles de Scapin, quoiqu'il y eût, entre les deux héros, une différence très-sensible. Cette dernière pièce était de LE-GRAND, auteur et acteur ; elle est fort plaisante, et eut un très-grand succès. L'intrigue en est fort simple. Isabelle, fille de M. Oronte, riche négociant, est promise en mariage à M. Pataut, fils d'un riche négociant d'Angoulême, et qui doit venir sous peu à Paris, où il verra pour la première fois sa future et deviendra son époux. Les deux pères, en arrangeant cet hymen entre eux, se sont mutuellement engagés par un dédit de dix mille francs. Valère, qui aime cette belle et qui en est aimé, rêve aux moyens de faire jouer quelque bon tour au nouveau débarqué, pour qu'il renonce à son mariage et s'en retourne dans sa province ; un clerc de procureur promet à

Valère de le débarrasser de son rival, et voici comment il y réussit. Notre clerc, nommé Gripaut, avait des intelligences secrètes avec Cartouche. Il va le trouver, et arrive au moment où ce chef, au milieu des siens, se fait rendre compte de tous les exploits de la nuit. L'importance de ce travail me force moi-même à perdre un moment de vue notre objet principal. Voyons donc ce qui se passait.

CARTOUCHE.

» Çà, messieurs, que chacun rapporte à la masse le butin de la nuit. Qui est-ce qui a fait la ronde sur le Pont-Neuf?

LA RAMÉE.

» Mon capitaine, c'est l'Eveillé, Sans-Rémission et moi.

CARTOUCHE.

» Qu'avez-vous enlevé?

LA RAMÉE.

» Quatre épées et deux cannes à pommes d'or.

CARTOUCHE.

» Où sont-elles?

LA RAMÉE.

» Les voilà.

CARTOUCHE, *les regardant.*

» Je vous ai déjà dit que je ne voulais que des épées d'argent. Voilà de belles guenilles que vous m'apportez là : je ne sais qui me tient que je ne vous les envoie reporter.

LA RAMÉE.

» Les poignées sont assez fortes, et il me paraît qu'elles sont assez *chenues* (bonnes) pour ce qu'elles nous coûtent.

CARTOUCHE.

» Allons, passons; mais une autre fois ayez plus d'attention. Qui est-ce qui a *travaillé* dans la rue Saint-Denis ?

HARPIN.

» Sans-Quartier, l'Estocade et moi.

CARTOUCHE.

» Qu'avez-vous *pincé* ?

HARPIN.

» Six pièces de toile et quatre de mousseline.

CARTOUCHE.

» Voyons-les. (*Examinant*) Comment! ce n'est que de la demi-Hollande, et voilà de la mousseline effroyable... A d'autres. Qui est-ce qui a *trimé* dans la rue des Noyers?

BEL HUMEUR.

» La Fantaisie, Fond-de-Cale et moi.

CARTOUCHE.

» Qu'avez-vous trouvé?

BEL HUMEUR.

» Deux commis de la douane ivres, avec deux marquises du hasard, qui venaient de souper chez Chevret.

CARTOUCHE.

» Que leur avez-vous pris?

BEL HUMEUR.

» Leurs habits et leurs vestes glacées.

CARTOUCHE.

» Et quoi encore?

BEL HUMEUR.

» Rien.

CARTOUCHE.

» Comment, rien! Est-ce que les commis
de l a douane n'ont pas à présent des montres
et des tabatières d'or?

BEL HUMEUR.

» Vous avez raison, mais les marquises les
leur avait déjà volées.

CARTOUCHE.

» Qu'on aille demain faire tapage chez ces
marquises-là. Je leur apprendrai à frauder
ainsi les droits du Bureau.

LA BRANCHE.

» Nous avons rencontré un Gascon qui
nous a donné bien de la tablature : il n'avait
pas un sol dans sa poche, et il nous a voulu
persuader que c'était à nous à lui en donner.

CARTOUCHE.

» Et comment cela?

LA BRANCHE.

» Quand j'ai été à lui le pistolet à la main :
la bourse? — Et cadédis, mon cher, j'allais
vous la demander. — Cependant, je ne m'en
suis pas tenu là, et je lui ai pris ce porte-

feuille. Il faut que ce soit quelque chose de considérable, car à peine était-il loin de nous, qu'il a réveillé tous les voisins, en criant : *Au Guet! au voleur! je suis ruiné.* Ce maraud-là a pensé nous faire prendre, car le Guet était à vingt pas de là.

CARTOUCHE.

» Voyons un peu ce que contient ce porte-feuille (*il lit*). *Généalogie du chevalier de Castel-Mince...* Voilà déjà un bon effet. *Par sentence du Châtelet...* Fort bien. *Par sentence des Consuls...* Encore. *A la requête de Toussaints Mille-Pièces, maître tailleur....* Eh ! que diable, il n'y a là que des assignations. Messieurs, je ne suis pas content de cela, il y a ici quelque fripon.

TOUS, *se récriant.*

» Ah !

LA BRANCHE.

» Ah ! mon capitaine, croyez que vous n'avez affaire qu'à d'honnêtes gens.

CARTOUCHE.

» J'en doute.... (*à son frère*) Et vous, petit drôle, n'avez vous rien *bouliné* (volé)?

LE CHEVALIER.

» Non, mon frère. On m'a surpris hier au soir la main dans la poche d'une dame qui sortait de l'Opéra : on m'a assommé de coups, et j'ai eu toutes les peines du monde à me sauver.

CARTOUCHE.

» Va, misérable, tu ne vaudras jamais ton frère. Je n'avais pas ton âge, que je crochetais déjà des serrures........ »

———

Notre clerc de procureur ayant eu enfin audience et exposé le sujet qui l'amènait, on décida de commencer par traiter l'Angoumoisin à peu près comme les Rougets et les Grisons traitèrent leur avocat rouennais. Pataut est donc, à son arrivée, dépouillé successivement de sa bourse, de ses diamans, d'une lettre de change de deux mille écus, payable à vue par M. Oronte, et enfin de son habit même, dans les basques duquel il avait, dans la crainte des voleurs, fait coudre deux cents louis. Ses naïvetés, sa bonhomie, ne contribuent pas peu à le faire dévaliser aussi complétement. C'est Cartouche lui-même qui lui joue le dernier tour. Le maître larron échappait en ce moment à un grand danger, d'où il s'était sauvé en souquenille. Il fait revêtir son surtout de toile à Pataut, laisse celui-ci entre les mains d'un faux commissaire, et muni du costume et de tous les titres du gendre futur, il va trouver le futur beau-père, bien décidé à travailler en même temps pour lui-même. Il le rançonne donc, et le traite si cavalièrement, ainsi que sa fille, que M. Oronte, au désespoir de s'être engagé avec un si mauvais sujet, lui donne encore plus d'argent qu'il n'en demandait, pour qu'il renonce à épouser Isabelle. Pendant ce temps, le véritable Angoumoisin s'est dégagé des griffes de son commissaire, et arrive en son nouveau costume. Tout Paris savait déjà l'aventure de Cartouche....

ORONTE, *apercevant Pataut.*

« Ah! ma fille, il faut que ce soit lui-même. On m'a conté ce matin qu'il s'était sauvé d'une maison en souquenille.

PATAUT.

» Cela est vrai; je me suis sauvé dans l'é-

quipage où vous me voyez.... Mais avant que
de vous conter tout cela, il faut du moins que
je vous embrasse...

ISABELLE, *s'enfuyant.*

» Ah ! je suis morte.

ORONTE.

» Ah ! monsieur, sauvez-moi la vie.

PATAUT.

» Qu'est-ce que cela signifie ? Est-ce que
mon habit vous fait peur ? C'est un habit de
voleur, à la vérité ; mais je n'en puis avoir
d'autre que vous ne me donniez de l'argent
pour en avoir ; car ma foi je n'ai pas le sol.

ORONTE.

» De l'argent ! ah ! c'est lui assurément.

PATAUT.

» Eh ! oui vraiment, c'est moi-même ; qui
vous dit le contraire ? Mais laissez-moi vous
conter mon aventure...

ORONTE, *tremblant.*

» Je la sais, monsieur ; il n'est pas nécessaire de vous donner la peine.

PATAUT.

» Oh parbleu! écoutez-moi donc... Je fus hier attaqué par des marauds...

ORONTE.

» Dans la rue des Petits-Augustins, n'est-ce pas! nous savons cela.

PATAUT.

» Celle-là, ou une autre; il n'importe.

ORONTE.

» Vous en blessâtes deux, et vous vous sauvâtes en chemise par une cheminée, dans une maison où on vous donna cet habit. Nous savons de plus que vous vous êtes sauvé de prison...

PATAUT.

» Plaît-il?

ORONTE.

» Quoi?

PATAUT.

» Rêvez-vous? quel galimatias me faites-vous là? Il n'y a pas un mot de tout ce que vous me dites là.

ORONTE.

» Eh! monsieur, nous ne pouvons pas bien

savoir la chose. Ce qu'il y a de vrai, c'est que vous passez pour un brave homme ; qu'on sait bien qu'il faut que chacun vive de son métier.

PATAUT.

» Larrons ou autres, n'est-ce pas ? Parbleu, ceux d'hier auront de quoi vivre long-temps à mes dépens. Ce qui me fâche le plus, c'est que je voudrais avoir ce diamant....

ORONTE.

» Mon diamant ? monsieur. Ah ! qu'à cela ne tienne pour vous contenter.

PATAUT.

» Que voulez-vous que je fasse de votre diamant quand j'épouse votre fille ?

ORONTE.

» Comment, vous épousez ma fille !

PATAUT.

» Est-ce que je ne viens pas pour cela ?

ORONTE.

» En voilà bien d'un autre......

PATAUT.

» Parbleu, je ne crois pas vous faire dé-
shonneur de rechercher votre fille en mariage.

ORONTE.

« Ah! c'est beaucoup d'honneur pour elle;
mais enfin, vous me permettrez de vous dire...
que la profession... que vous exercez... ne
s'accorde guère avec la nôtre.

PATAUT.

» Comment donc? est-ce que nous ne sommes pas tous deux du même métier ?

ORONTE.

» Moi, je suis de votre métier !.... »

———

Le quiproquo ne finit point là, mais pour
comble de malheur, les archers ont pris aussi
M. Pataut pour le larron échappé, et viennent l'arrêter. Le petit frère de Cartouche qui
s'était caché dans la maison pour faire quelque coup est découvert et saisi. L'Angoumoisin demande à être confronté avec lui.

LE CHEVALIER.

« Ah! mon cher frère, que je suis fâché de vous voir en cet état...

PATAUT.

« Voilà un petit pendard bien effronté. »

———

Enfin, Valère arrive, annonçant que le véritable Cartouche est pris. L'Angoumoisin délivré est si choqué de la réception, qu'il s'en retourne à Angoulême. L'épopée s'empara aussi des exploits de ce larron fameux et leur consacra seulement treize chants intitulés : *le Vice puni* ou *Cartouche*, poëme par M. Grandval le père *. Un des grands mérites de ce poëme, orné de dix-sept belles gravures, c'est d'être suivi de deux dictionnaires, l'un *français-argot*, et l'autre *argot-français*, pour la facilité des personnes qui veulent se livrer à l'étude du jargon que les brigands

---

* M. Grandval le père était musicien organiste. Son poëme de Cartouche, où il parodia les plus beaux vers de la *Henriade*, eut une très-grande vogue. — M. Grandval le fils fut un des acteurs les plus estimés du Théâtre-Français.

parlent entre eux. Ce langage est si doux et trouvera tant d'amateurs, que j'ai cru devoir en citer ici quelques termes. — Ici, *icicaille;* l'amour, *le petit dardant;* buvons, *pitanchons;* camarades, *fanandels;* le cabaret, *la piolle;* fort bien, *chenument;* du pain, *de l'arton;* du vin, *du pivois;* de la viande, *de la criolle;* faire bonne chère, *faire riolle;* beaucoup, *gourdement;* excellent, *chenâtre;* un petit garçon, *un mion;* le cœur, *le palpitant;* donnons, *fonçons;* le jour, *le luisant;* une bouteille, *une rouillarde;* un écu, *un rusquin;* un homme, *un marquant;* une poire cuite, *une crotte d'hermite*, etc. Ce n'est là que de l'argot ancien; quant à l'argot moderne, j'avoue que je l'ignore entièrement; mais celui que j'ai cité eut l'avantage inappréciable d'être parlé par Cartouche. Voici même un couplet qui fut chanté par cet illustre brigand lui-même, au milieu de ses compagnons. C'est encore à M. Grandval le père, que je dois cette heureuse découverte; il est pourtant de ma part une grande attention que je prie le lecteur de remarquer: le petit vocabulaire que j'ai donné, renferme précisément tous les termes nécessaires pour la traduction du couplet argot. En vérité, si dans tout cet incomparable ouvrage, je laisse quelque chose à désirer sous le rapport des recherches importantes, on aurait tort de m'en vouloir : j'aurai péché bien innocemment.

AIR : *Ton joli, belle meunière, ton joli moulin.*

Fanandels, en cette piolle
On vit chenument :
Artons, pivois et criolle,
On a gourdement.
Pitanchons, faisons riolle
Jusqu'au jugement ;
Icicaille est le théâtre
Du petit dardant ;
Fonçons à ce mion folâtre
Notre palpitant.
Pitanchons pivois chenâtre
Jusques au luisant.

Il me reste à parler de NIVET, de RAFIAT et de POULAILLER. Déjà, tout fiers de voir leurs noms accolés à celui de l'immortel Cartouche, ils s'avancent en chantant l'argot. Ils font très-bien de se réjouir et de se féliciter entre eux; quant à moi, qui crois avoir assez fait pour leur gloire en les citant, comme bien d'autres Personnages m'attendent : *lau-*

dabunt alii, je m'échappe du milieu des Brigands.

LE GRIMACIER.

ENFIN je respire. A l'exemple des poètes
épiques, j'étais descendu aux Enfers; et, infortuné que je suis! au lieu des rians bosquets de l'Elysée, vers lesquels, ce me semble, les rues de Paris devaient naturellement
me conduire, je n'ai eu que le Tartare à contempler. J'ai vu Tantale au milieu des ondes
et toujours altéré; j'ai vu Ixion sur sa roue et
tourmenté par les cruelles Euménides, c'est-
à-dire sans métaphore, qu'au lieu de me diriger du côté des Bons-Hommes, je me suis
porté vers la place de Grève où expiraient
alors quelques-uns de mes héros immortels.
Quel spectacle affreux et dont je suis encore
tout oppressé!

Mais à peine rendu à la lumière, à peine
revenu vers le Pont-Neuf, que de riants tableaux me dilatent le cœur! Voyez ce seigneur
italien qui accourt me recevoir, et avec tant
d'empressement que sa perruque en est tout
ébouriffée. C'est le GRIMACIER. Tout-à-coup

il s'arrête, il reste en attitude; admirez ses gesticulations, ses démonstrations, ses exclamations; pouvais-je être accueilli par un Personnage plus aimable? Ce seigneur est dans son grand costume : bas de soie, culotte de panne; habit de camelot brodé, et tout cela d'une ampleur qui prouve sa magnificence. Au chignon de sa vaste perruque blonde est suspendue une bourse de parchemin élégamment ornée d'un large nœud. Sur son nez reposent ses immenses lunettes de carton; déjà elles prennent le mouvement du balancier; une vingtaine de grimaces épouvantables et d'autant plus réjouissantes, préludent en mesure avec les sons harmoniques et vraiment harmonieux de son excellent violon. Prêt à chanter, rire et pleurer à la fois, il tousse et sa voix enrhumée entonne :

La bel–le Bout–bon–nai–se....(*grimace*).

Je crois devoir l'interrompre un instant. ARS, RATIOQUE OS DISTORQUENDI. *Cortorsio prima, aut simplex...* — Bon Dieu! que nous dites-vous là, interrompt à son tour le lecteur; quoi! un *Traité des grimaces?* — « Morbleu! s'empresse d'ajouter un habitant d'un des plus lointains pays du monde savant (car l'inimitable histoire des Personnages célèbres dans les rues de Paris ne peut manquer de voyager dans tout l'univers et d'être traduite dans toutes les langues), morbleu, monsieur, faites-nous part de votre découverte. Ma femme fait des grimaces, mon fils fait des grimaces, ma fille fait des grimaces; mon cousin, ma cousine, mon voisin, ma voisine font des grimaces et les font très-mal; moi je veux en faire aussi et les faire par principes. Communiquez-nous seulement quelques pages de ce Traité; qu'est-ce que cela vous coûte? un coup de ciseaux; vous nous avez ainsi communiqué tant d'autres pages. » Cet amateur-là prie son monde d'un ton un peu caustique.

Eh bien! messieurs, l'*Ars, ratioque os distorquendi*, c'est-à-dire l'*Art de grimacer* ou *de se contourner méthodiquement la figure*, est due aux longues méditations d'un savant physiologiste du quinzième siècle. Ces notions précieuses se réduisent à SEPT PRÉCEPTES GÉNÉRAUX ou *sept Grimaces principales*,

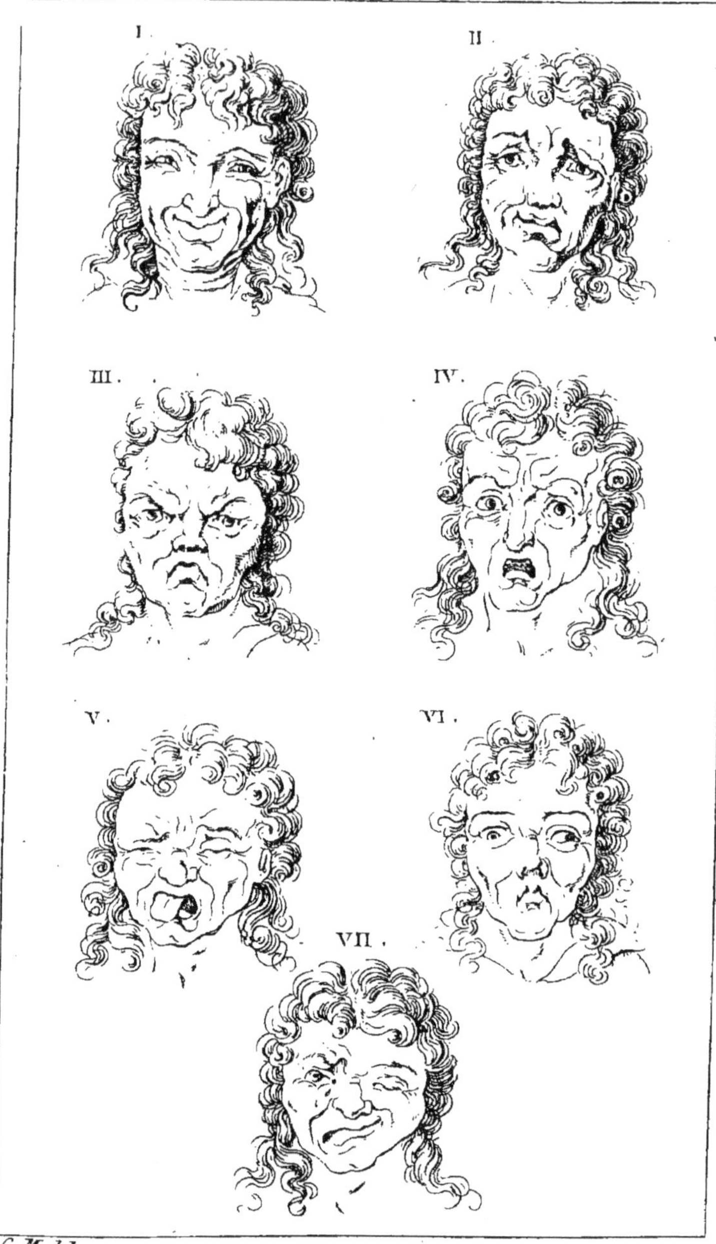

C.M. del.

Ars ratioque os distorquendi ...... (15.ᵉ Siècle .)

que le texte désigne de la manière suivante, savoir :

Contorsio prima, aut *simplex*.
—— secunda, aut *duplex*.
—— tertia, *laboriosa*.
—— quarta, *dolorosa*.
—— quinta, *multisona*.
—— sexta, *taciturna*.
—— septima et ultima, *complicata*.

Développons et parlons en notre langue. J'aurai au moins ici un mérite, celui d'être traducteur.

I^a. *Grimace simple.* Mine riante et gracieuse, yeux arrondis, traits rapetissés.

II^a. *Double.* Mine moitié riante et moitié affligée, ou même effrayée. — Quelques cris par intervalles.

III^a. *Laborieuse.* Mine renfrognée, nez enflé, joues tremblantes.

IV^a. *Douloureuse.* Yeux gros et mouvans, joues gonflées, lèvres agitées. — Des gémissémens.

V^a. *Bruyante.* Yeux fermés, bouche largement ouverte, langue saillante. — Des cris, du rire et des pleurs.

VI^a. *Silencieuse.* Yeux fixes, bouche faisant le cul de poule, joues creuses, mine alongée.

VII^a. *Compliquée.* Le texte ajoute : *Diuturna, rerum cumulatio.* Interminable, réunion de presque toutes les précédentes : rire inextinguible, douleur que rien ne peut calmer, cris renaissans ; développement de tous les moyens. Cette dernière grimace ne s'emploie que lorsque la Bourbonnaise est réduite au trépas. Je laisse au goût des amateurs de faire une juste application de tous les autres préceptes. Cet ouvrage est un petit in-4°. fort rare, et que l'on ne trouve pas même dans toutes les grandes bibliothèques.

Il y a eu deux Bourbonnaises : l'une, *qui avait des écus ;* c'était, dit-on, une fort jolie nymphe du Port au blé. Celle dont il est ici question *est fort mal à son aise ;* ce fut une courtisane célèbre, déçue de son espoir et tout-à-coup précipitée du plus haut point de grandeur et de prospérité. La courtisane est oubliée, mais, grâce aux admirables contorsions qui doivent accompagner sa complainte, l'on chante encore et l'on chantera toujours, sans avoir besoin d'aucune allusion :

> La belle Bourbonnaise,
> La maîtresse de Blaise,
> La maîtresse de Blaise,
> Est bien mal à son aise !
> Elle est sur le grabat !
> Ah ! ah ! ah ! ah !

La pauvre Bourbonnaise,
Sans fauteuil et sans chaise,
Est bien mal à son aise !
Elle est sur le grabat !....

N'est-il pas bien dommage
Qu'une fille aussi sage,
Qu'une fille aussi sage,
A la fleur de son âge,
Soit réduite au trépas !
Ah ! ah ! ah ! ah !

Je poursuivrais en vérité de grand cœur, si j'en savais davantage, mais d'autres y suppléeront. Ils me devront l'essentiel : le secret de faire de bonnes grimaces. Je recommande pourtant aux amateurs d'user sagement de cette méthode : tout le monde sait qu'en apprenant sans maître et d'après des livres, on risque de contracter des habitudes défectueuses.

L'histoire ne nous a pas conservé le nom du Personnage qu'il m'avait semblé voir me si bien accueillir ; cher lecteur, il faut bien le dire enfin, je ne jouissais alors que d'un bonheur d'imagination. Je doute même que notre Farceur puisse s'offrir encore à des regards humains, car je le crois en ce moment devant ceux du Père Éternel. Mais il a de nos jours un digne successeur, et bien que ce ne soit pas ici la place d'en parler, je saisis l'occasion de m'acquitter envers lui, avant que nous ayons perdu de vue l'excellent Traité des grimaces. Seulement lorsque nous en serons aux Personnages vivans, je prie le lecteur de se souvenir que tous les bons artistes en ce genre ne sont pas morts.

Le Grimacier moderne fait ordinairement les délices de Tivoli; et la munificence impériale, à chaque réjouissance publique, lui fait occuper un des bosquets de nos Champs-Elyséens, champs non seulement consacrés au plaisir, mais image du paisible et fortuné séjour qui attend les grands hommes après leur trépas. C'est là que le nouveau chanteur de la *Bourbonnaise*, ombre par anticipation, et toujours sûr d'égayer les vivans, se démantibule la figure d'après les préceptes de l'*Ars, ratioque os distorquendi*. Il s'y montre ordinairement accompagné de M. PRÉJAN, Personnage vénérable, à cheveux blancs et vêtu tout en noir, qui, lui-même fort célèbre, remplit agréablement les intermèdes par divers tours d'une dextérité remarquable. On le

voit, entre autres, jeter successivement en
l'air jusqu'à cinq boules d'ivoire qu'il ressaisit, fait remonter tour à tour, et main-
tient assez long-temps dans un mouvement
rapide et alternatif; genre d'amusement, qui,
plus qu'on ne le croit, est digne de fixer les
regards de l'homme doué d'un esprit vraiment observateur, en ce qu'il nous rappelle
un spectacle pareil, remarqué chez les peuples du second hémisphère, au moment où
les navigateurs les visitèrent pour la première
fois. Écoutons le capitaine Cook, ou plutôt
M. Forster, un des compagnons de sa seconde
expédition, car c'est ce naturaliste qui fit cette
remarque intéressante à Tongataboo, une des
îles des Amis. « Quelques femmes chantaient,
dit la relation, mais une jeune fille, d'une
physionomie charmante, et dont les longs
cheveux noirs et bouclés retombaient avec
grâce sur ses épaules, paraissait surtout fixer
l'attention de la société et la distraire. Elle
jouait avec cinq gourdes, de la grosseur d'une
petite pomme et parfaitement rondes, qu'elle
jetait sans cesse en l'air, l'une après l'autre,
et avec tant d'adresse que, pendant un quart
d'heure, elle ne manqua pas une seule fois de

la ressaisir. » (*Voyages de Cook, tom. III.* *),

Ce rapprochement prête, à mon avis, un nouveau charme au jeu des boules ascendantes et descendantes exécuté par M. Pré-jan. Aussi notre Personnage, fort de l'intérêt intrinsèque d'un spectacle que tout le monde, pour peu qu'il ait lu, doit être en état d'apprécier, ne s'amuse-t-il pas comme Bruscambille à faire des prologues et des paradoxes. Il s'avance, salue et met la main à l'œuvre, sans dire mot; seulement, s'il lui arrive de se tromper (ce qui est rare) il s'adresse à lui-même ces paroles prononcées d'un ton bref: *ah ! qu'il est bête !*

Ne sommes-nous qu'imitateurs dans cet aimable jeu, qui, en 1774, fut trouvé en vogue à quatre ou cinq mille lieues de notre continent, au beau milieu de l'immense mer du Sud, et presque chez nos Antipodes? ou l'imagination humaine l'avait-il à la fois produit sur les deux hémisphères? Un de nos jeux de combinaison déjà inventé y fut reconnu. Ces Indiens avaient, à peu de diffé-

---

* Traduction nouvelle en six volumes in-12, ornés de la carte générale et de 30 figures. *Voyez* l'annonce en tête de cet Ouvrage. (*Note de l'Editeur.*)

rence près, imaginé notre jeu de dames avec son damier. Ils avaient aussi le goût de la musique et de la poésie; on observa que leur esprit était tant soit peu enclin à la satire, et ils excellaient dans le talent d'improviser. Avec quel empressement ne dut-on pas chercher à connaître les différens rapports que pouvait avoir leur génie avec le nôtre? Moi je leur eusse aussitôt demandé s'ils chantaient aussi une *Bourbonnaise* d'après l'*Ars ratioque os distorquendi.*

AOTOUROU, HABITANT DE TAÏTI.

Tous ceux qui ne sont pas étrangers à l'histoire des navigations dans la mer du Sud, connaissent l'île fortunée de Taiti. M. Esménard a dit :

O-Taïti, l'Eden du nouvél hémisphère.

La poésie ne pouvait mieux peindre d'un seul mot la patrie d'Aotourou. Là, règne un printemps continuel, là une terre fertile prodigue d'elle-même ses trésors; ce ne sont point tous les mets somptueux des Européens, qu'elle offre à ses habitans, mais l'île abonde en fruits, en végétaux ; le sol produit l'igname, le coco ; et le précieux fruit à pain, sorte de pomme de la grosseur et de la forme d'un melon, qui croît sur un arbre et dont l'intérieur a la couleur, la consistance et le goût de la mie de pain blanc. Le coco est un fruit dont la chair est extrêmement agréable à manger et qui donne en outre une liqueur rafraîchissante et fort saine. L'île aussi est abondamment pourvue de diverses espèces d'animaux domestiques qui ne sont élevés que pour servir à la nourriture de l'homme, et ses rivages fournissent avec prodigalité les poissons les plus estimés.

Là régnaient aussi (je me sers maintenant d'un temps qui indique le passé, car je vais parler de l'innocence des mœurs, et Taïti a été connue des Européens), là régnaient aussi la douce hospitalité, une ingénuité touchante ; là, tous les cœurs ne respiraient que l'amour, l'amitié :

> Beaux lieux, où de l'amour sans voile et sans flambeau,
> L'innocence hardie allume le flambeau !

a dit encore l'auteur du poème de *la Navigation* ;

Où l'amour sans pudeur n'est pas sans innocence,

avait dit le chantre des *Jardins*. Leurs jours
s'écoulaient dans une paisible indolence. Mollement étendus sur leurs nattes ou à l'ombre
de leurs bocages épais, ils passaient le temps
à converser, à chanter, à jouer de la flûte;
la famille royale elle-même n'avait presque
point d'autre occupation du matin au soir.

Cette île fut découverte, en 1767, par le
capitaine Wallis. Quel ne dut pas être l'enthousiasme des Européens à la vue de ce séjour enchanté, où dès le premier abord se
réalisaient tous les plus rians mensonges que
l'imagination eût jamais enfantés? « Rien de
plus tendre, de plus caressant que ces bons
Insulaires, disent les relations. Tous, à l'aspect des étrangers, accouraient sur leurs pirogues chargées de présens, tandis que des
femmes d'une beauté enchanteresse, nageant
avec grâce autour du navire, présentaient le
spectacle ravissant de Naïades nouvelles se
jouant mollement sur les ondes. » Ailleurs,
tableau non moins touchant de l'empressement de ces Indiens à accueillir les navigateurs : « Plusieurs lancèrent leurs pirogues

en mer et ramèrent vers nous... Ils agitaient une feuille large et verte en répétant par acclamation, *tayo, tayo,* expression qui chez eux annoncent l'amitié. L'extrême douceur de leur caractère se décelait dans leurs regards et dans toutes leurs actions. Ils nous prodiguaient des marques de tendresse et d'affection ; ils nous prenaient les mains ; ils s'appuyaient sur nos épaules ; ils nous embrassaient. » Aussi le capitaine Cook, de qui j'emprunte ces détails et dont les trois Relations peuvent être considérées comme l'histoire générale de tous ces peuples à peine connus de nous jusqu'à lui, à chacune de ses expéditions ne pouvait-il se lasser de revenir vers cette terre chérie ; à trois reprises déjà il l'avait abordée, à la quatrième il croyait encore la voir pour la première fois ; « les malades eux-mêmes, dit-il, se traînèrent sur le pont, afin de contempler de nouveau cette terre délicieuse, dont la vue seule faisait déjà oublier tous les maux et toutes les fatigues. »

J'ai cru devoir parler de la patrie d'Aotou-'rou avant de parler de lui-même, puisqu'il ne dut réellement sa célébrité parmi nous, qu'à son avantage d'être né dans le second

hémisphère et de pouvoir nous attester per-
sonnellement que tout ce que l'on racontait
de son pays n'était point fabuleux. La découverte de Taïti était alors toute récente et
en raison de sa nouveauté elle semblait bien
plus digne encore d'occuper tous les esprits.
Je demande un peu quelle sensation ne devait pas produire la vue d'Aotourou, tout-à-
coup transporté dans les rues de Paris, des
habitations casanières d'un nouveau monde
qui en tout et pour tout, en fait des produits
de l'imagination, ne s'était parfaitement rencontré avec celui-ci que dans le jeu des boules ascendantes et descendantes, et l'invention de faire avancer de petites pièces noires
et blanches sur un damier? J'ai dit que les
Taïtiens jouaient de la flûte, mais cette flûte
était loin de ressembler à l'instrument musi-
cal auquel nous avons donné ce nom; elle
avait plutôt quelque analogie avec la corne-
muse des Écossais. Tous les Parisiens ne pouvaient donc manquer d'entourer Aotourou,
de le contempler comme un être dont les vêtemens, les mœurs, la patrie, le langage, les
habitudes, le caractère, la figure, la personne
même étaient autant de phénomènes dont no

pouvaient trop se repaître leur étonnement et leur curiosité. On ne serait pas plus stupéfait si les aréonautes allaient tout-à-coup pénétrer dans l'une des planètes voisines, et, à leur retour, nous en montrer un habitant.

Aotourou avait été amené en France par M. de Bougainville, dont les vaisseaux avaient suivi de près à Taïti ceux du capitaine Wallis. Le navigateur français peut même revendiquer l'honneur de la découverte de cette île, car le capitaine anglais n'en avait pas même connu le nom et ne s'y était montré que pour faire jouer ses grosses pièces d'artillerie, parce que ces bons Indiens qui n'avaient pas encore vu de ces gros bâtimens flottans, avaient été tentés de jouir du plaisir de s'en emparer. Les Français nommèrent d'abord Taïti la *Nouvelle-Cythère;* mais guidés par un profond observateur, ils ne tardèrent pas à la désigner par son vrai nom, malgré la difficulté de s'entendre avec un peuple dont ils ne connaissaient pas le langage et dont l'organe n'était pas même susceptible de parvenir à imiter les sons articulés par toute autre nation. Jamais Aotourou ne put prononcer

le nom de *Bougainville* autrement que *Pota-*
veri, et ce fut ainsi qu'il s'appela lui-même
par reconnaissance pour son bienfaiteur. Ce
Taïtien était âgé de trente ans. Un des chefs
de l'île l'avait présenté à M. de Bougainville
au moment de son départ, en lui disant « que
c'était son ami qu'il confiait à ses amis. » Ce
même chef voyant le capitaine Cook à son
second voyage en 1774, et croyant, comme
tous ses compatriotes, que tous les gros navires qui mouillaient chez eux devaient arriver du même pays, lui témoigna aussitôt
combien le souvenir de M. de Bougainville
lui était cher : « Dites-lui, ajouta-t-il, que je
suis son ami et que je désire le revoir à Taïti.
Pour que vous vous souveniez de ma commission, je vous enverrai un cochon dès que
je serai chez moi. » Les cochons de Taïti sont
un mets succulent et d'une grande ressource
pour les navigateurs. Cette île est inépuisable
pour les approvisionnemens.

Voici des détails authentiques sur le séjour
d'Aotourou à Paris, et qui donneront une
idée du genre de sensation qu'éprouvent les
bons Parisiens à la vue des choses extraordinaires. J'extrais ce passage de la relation

II.   7

de M. de Bougainville. « Je n'ai épargné, dit cet illustre navigateur, ni l'argent, ni les soins pour lui rendre son séjour à Paris agréable et utile. Il y est resté onze mois, pendant lesquels il n'a témoigné aucun ennui. L'empressement pour le voir a été vif : curiosité stérile qui n'a servi presque qu'à donner des idées fausses à des hommes persiffleurs par état, qui ne sont jamais sortis de la capitale, qui n'approfondissent rien, et qui, livrés à des erreurs de toute espèce, ne voient que d'après leurs préjugés, et décident cependant avec sévérité et sans appel. Comment, par exemple, me disaient quelques-uns, dans le pays de cet homme on ne parle ni français, ni anglais, ni espagnol ? Que pouvais-je répondre ? ce n'était pas toutefois l'étonnement d'une question pareille qui me rendait muet. J'y étais accoutumé, puisque je savais qu'à mon arrivée, plusieurs de ceux mêmes qui passent pour instruits, soutenaient que je n'avais pas fait le tour du monde, puisque je n'avais pas été en Chine. D'autres, Aristarques tranchans, prenaient et répandaient une fort mince idée du pauvre insulaire, sur ce qu'après un séjour de deux ans avec des Français, il parlait à peine quelques mots de la langue. Ne voyons-nous pas tous les jours, disaient-ils, des Italiens, des Anglais, des Allemands, aux-quels un séjour d'un an à Paris suffit pour apprendre le français? J'aurais pu répondre peut-être.... que ces étrangers avaient une grammaire pareille à la nôtre, des idées mo-rales, physiques, politiques, sociales, les mê-mes que les nôtres et toutes exprimées dans leur langue, comme elles le sont dans la lan-gue française..... Cependant, quoique Ao-tourou estropiât à peine quelques mots de notre langue, tous les jours il sortait seul, il parcourait la ville, et jamais il ne s'est égaré. Souvent il faisait des emplettes, et presque jamais il n'a payé les choses au-delà de leur valeur. Le seul de nos spectacles qui lui plût, était l'Opéra; car il aimait passionnément la danse. Il connaissait parfaitement les jours de ce spectacle; il y allait seul, payait à la porte comme tout le monde, et sa place favorite était dans les corridors. Parmi le grand nom-bre de personnes qui ont désiré le voir, il a toujours remarqué ceux qui lui ont fait du bien et son cœur reconnaissant ne les oubliait pas. Il était particulièrement attaché à madame la duchesse de Choiseul qui l'a comblé de bienfaits, et surtout de marques d'intérêt et d'amitié auxquelles il était infiniment plus sensible qu'aux présens. Aussi allait-il de lui-même voir cette généreuse bienfaitrice toutes les fois qu'il savait qu'elle était à Paris.

» Il en est parti, continue M. de Bougainville, au mois de mars 1770, et il a été s'embarquer à la Rochelle sur le navire *le Brisson*, qui a dû le transporter à l'Ile-de-France. Il a été confié pendant cette traversée aux soins d'un négociant qui s'est embarqué sur le même bâtiment dont il est armateur en partie. Le ministère a ordonné au gouverneur et à l'intendant de l'Ile-de-France de renvoyer de là Aotourou dans son île. J'ai donné un Mémoire fort détaillé sur la route à faire pour s'y rendre, et trente-six mille francs (c'est le tiers de mon bien) pour armer le navire destiné à cette navigation. Madame la duchesse de Choiseul a porté l'humanité jusqu'à consacrer une somme d'argent pour transporter à Taïti un grand nombre d'outils de nécessité première, des graines, des bestiaux; et le roi d'Espagne a daigné permettre que ce bâtiment, s'il était

nécessaire, relâchât aux Philippines. Puisse
Aotourou revoir bientôt ses compatriotes!.. »

« Hélas! c'était ses vœux les plus chers;
l'amour de son pays était fortement imprimé
dans son cœur; je vais en donner une preuve
en rapportant un trait qui fut alors fort connu
et dont M. Delille a formé un des touchans
épisodes de son poëme des *Jardins*. La poésie la plus harmonieuse va déployer ici tous
ses charmes.

« Un jour, dans ces jardins où Louis, à grands frais,
Des quatre points du monde en un seul lieu rassemble
Ces peuples végétaux surpris de croître ensemble,
Qui, changeant à la fois de saison et de lieu,
Viennent tous à l'envi rendre hommage à Jussieu :
L'Indien parcourait leurs tribus réunies,
Quand tout-à-coup, parmi ces vertes colonies,
Un arbre, qu'il connut dès ses plus jeunes ans,
Frappe ses yeux : soudain, avec des cris perçans,
Il s'élance, il l'embrasse, il le baigne de larmes,
Le couvre de baisers. Mille objets pleins de charmes,
Ces beaux champs, ce beau ciel, qui le virent heureux,
Le fleuve qu'il fendait de ses bras vigoureux,
La forêt dont ses traits perçaient l'hôte sauvage,
Ces bananiers chargés et de fruits et d'ombrage,
Et le toit paternel, et les bois d'alentour,
Ces bois qui répondaient à ses doux chants d'amour;
Il croit les voir encore, et son âme attendrie
Du moins pour un instant retrouve sa patrie. »

« J'aurais voulu, ajoute M. Delille dans une de ses notes, mettre dans mes vers toute la sensibilité qui respire dans le peu de mots qu'il prononçait en embrassant l'arbre qu'il reconnut, et qui lui rappelait sa patrie. C'est *O-Taïti*, disait-il; et en regardant les autres arbres, ce n'est pas *O-Taïti*. »

A peu près vers le même temps où les rues de Paris s'enorgueillissaient d'être visitées par ce naturel des îles du Tropique, les rues de Londres accordaient un même degré de célébrité à un de ses compatriotes. Celui-ci se nommait Omaï, il avait été amené en Angleterre par le capitaine Cook. La nouvelle édition de Voyages que j'ai déjà citée, est terminée par une notice qui ne laisse rien à désirer sur ce second Personnage. Les vaisseaux le rendirent aux champs qui l'avaient vu naître; on lui construisit dans sa patrie une jolie maison à l'européenne; il y eut ses propriétés, son enclos, ses jardins, son petit arsenal. Il y vécut heureux au milieu de ses anciens amis, ne cessant de les entretenir de toutes les merveilles qu'il avait vues en Europe. Un tel bonheur n'était pas réservé au pauvre Aotourou ; il mourut de la petite-vérole à l'Ile-de-France.

DUCHEMIN, LE PÈRE LAJOIE.

Nous revenons à de gais personnages. Voici des Farceurs et d'illustres Farceurs ; ce furent les Gaultier-Garguille de leur siècle. Comme leur modèle, à la vérité, DUCHEMIN et le père LAJOIE ne s'élevèrent pas à la hauteur du style tragique : peut-être la tragédie de leur temps était-elle moins digne d'avoir de tels soutiens ; mais à l'exemple de leur patriar-che, ils composèrent des chansons récréatives qu'ils rendaient plus piquantes encore par la manière dont ils les débitaient. Duchemin s'intitulait l'Enfant de chœur du Pont-neuf. Quant au père Lajoie qui lui succéda, son nom suffit toujours à sa renommée et il le justifia complétement par sa gaîté inaltéra-ble. L'objet de ces deux Chanteurs fameux était le précepte connu, *Castigat ridendo mores ;* l'instabilité du goût français dans ses usages et ses costumes alimentait surtout leur verve comique et tant soit peu critique. Je vais en présenter plusieurs exemples; ce qui donnera à cet article quelque chose de l'importance du *Journal des Modes* :

> L'autre jour le père Thomas
> Laissa tomber sa perruque en bas.
> Il n'avait pas de cheveux trois douzaines;
> Encor faisait-il son embarras.
> La catakoi, la joli koi !
> On la voyait du port Saint-Nicolas.
> Adieu perruque, adieu rotonne,
> Le pèr' Thomas n'a plus de koi.

———

Voyons pour les dames. Il s'agit des coiffures à la grecque; ceci est de l'année 1773.

> On ne peut sans réflexion
> Envisager notre coiffure.
> N'est-ce pas sans compassion
> Détruire l'aimable nature ?
> Petite tête et gros toupet;
> De trois cheveux faire un paquet;
> Petit minois et grand bonnet;
>   Et voilà la grecque.
> Cheveux d'emprunt, coiffure au parfait,
> Voilà la grecque et son portrait.
>
> Thémire a de faibles couleurs;
> Il ne lui faut que rubans roses,

Du blanc , du rouge , des odeurs ,
Et dans peu de jours autres choses.
Sophie est jolie en toquet ,
Mais il lui faut le haut bonnet ,
Triples frisons , vide gousset ,
    Et voilà la grecque.
Riche tête et pauvre jupon ,
Voilà la grecque tout du long.

Et les servantes du château ,
Pour avoir des grâces nouvelles ,
Portent sur leur tête un chapeau
Et des guirlandes des plus belles.
Robes d'hiver dans le printemps ;
Beaux souliers , boucles de six blancs ,
Des bas repris de l'ancien temps ,
    Et voilà la grecque , etc.

L'invention des cabriolets fut aussi célé-
brée.

    La mode en devient si commune
    Que les savetiers du Palais
    Se promènent en cabriolets
    Avec les marchandes de prunes....

Autre mode. Couleur en vogue, année
1776.

    Plus de fontanges ,
    Aurore , ni citron ,

Ces goûts étranges
Ne sont plus de saison.
Le jaune est déplaisant,
Le vert n'est point galant,
Quittez le bleu de Prusse,
Et prenez un ruban
    Couleur de puce.

Une fillette,
Par un lundi matin,
Part en cachette
Du faubourg Saint-Germain.
Traversant le Marais,
Elle fut tout exprès
Au-delà de Picpuce,
Pour avoir un bouquet
    Couleur de puce.

———

Le père Lajoie ne s'en tint pas à la critique des modes. Il fit aussi des chansons militaires. La suivante est de sa façon et obtint un très-grand succès.

J'ai servi Sa Majesté ;
Je viens d'avoir mon congé.
En sortant d'apprentissage,
Je n'étais pas dégourdi ;
A présent j'ai l'avantage
D'être beaucoup plus hardi.

———

Celle-ci est par Duchemin. C'est de l'ana-
créontique.

> Fille qui n'aime point les garçons
> Doit passer pour un corps sans âme ;
> C'est en vain qu'elle fait des façons,
> Elle sent dans son cœur une flamme
> Qui la dévore nuit et jour ;
> Contre elle-même elle murmure.
> On fait injure à la nature
>   Quand on résiste à l'amour.

—————

Duchemin n'exprimait pas moins bien l'essor des passions tumultueuses :

> Où suis-je ? Au-dessus du tonnerre
> L'amour m'aurait-il transporté ?
> Je ne reconnais plus la terre
> Où j'ai perdu ma liberté !

Mineur. (Andantino.)

> Reviens, trop insensible Agathe !
> Rappelle mes sens égarés ;
> Goûte à longs traits, petite ingrate,
> Les biens qui te sont préparés.

Majeur. (Vivace.)

> Où suis-je ? Au-dessus du tonnerre.... etc.

—————

Enfin, l'un et l'autre eurent leurs momens

de grosse gaîté, comme Gaultier-Garguille
lorsqu'il chantait : *Un jour me pourmenant,*
ou *Mon compère a une fille ;* mais on recon-
naîtra ici cette aimable réserve qui annonce
un siècle policé.

> Qu'est qu'vous avez donc là qui bouffe ?
> On voit ça par sous vot' mouchoir ;
> J'ai si grand' peur qu'ça n'vous étouffe !
> Donnez-y d'lair un peu pour voir.
> Eh bien ! ça n'est-y pas ben mieux ?
> Moi-même j'm'en sens tout joyeux ;
> On voit qu'ça saute aux yeux.

Autre.

> J'arrive à pied de province
> Par le grand chemin,
> En pet-en-l'air aussi mince
> Que du parchemin ;
> Mais ma vertu , sans nuage
> Toujours restera.
> Je veux être toujours sage ,
> M'aime qui voudra.

Cinquième couplet.

> Je vis un académiste ,
> Jeune et fait au tour,

Qui me suivait à la piste
Dans le Luxembourg.
C'est un oiseau de passage,
Qu'importe cela....
Désormais je serai sage,
Encor celui-là.

Dixième couplet.

Passant au quai de l'Horloge,
Je donnai dans l'œil
D'un gros sous—fermier qui loge
Quartier Montorgueil.
Martin vernit l'équipage
Qu'il me donnera....
Désormais je serai sage,
Encor celui-là.

Quinzième couplet.

Un des chefs de la finance,
Seigneur obligeant,
S'offre à troquer ma faïence
Pour des plats d'argent.
Refuser n'est pas l'usage,
Qu'est-ce qu'on dira ?...
Désormais je serai sage,
Encor celui-là.

Trentième et dernier couplet.

Deux Mousquetaires me virent
  Dans un cul-de-sac ;
Très-poliment ils m'offrirent
  Tous deux du tabac.
N'en avoir qu'un, c'est dommage,
  L'autre m'en voudra....
Désormais je serai sage,
  Encor ces deux-là.

BÉBÉ.

BÉBÉ était un nain si remarquable parmi
les Pygmées, qu'on le jugea digne des regards du roi, et qu'on le lui présenta dans un
pâté. Je ne connais de ce Personnage qu'un
trait qui l'ait réellement rendu célèbre dans
les rues de Paris. Un jour que Bébé, sortant
de la rue Dauphine (aujourd'hui de Thion-
ville), s'avançait vers le Pont-Neuf, quelqu'un le reconnut, le nomma et la foule accourut de toutes parts, croyant l'entourer
pour le contempler à son aise. Bébé qui ne
voulait pas se donner en spectacle, s'enfuit
par le quai de la Vallée et enfile la rue des
Augustins. La foule était sur ses traces et

arriva presque aussitôt ; mais le Personnage avait disparu. On eut beau chercher, on ne le trouva point, et cependant il était devant tous les yeux : Bébé, passant contre la boutique d'uu bottier, s'était glissé dans une botteforte. Ceci est un supplément à l'Histoire du Petit-Poucet.

L'AMBASSADEUR.

C'est une découverte précieuse que celle d'un ambassadeur qui mérite de figurer au nombre des Personnages célèbres dans les rues de Paris. Celui-ci s'acquit des droits à cet honneur par son originalité ; peut-être en eut-il de non moins réels sous un autre point/de vue que je ne me charge point d'examiner et que j'indiquerai seulement au lecteur en temps et lieu, afin d'embellir le dénouement.

Il s'agit ici de Méhémet-Rizabeg, ambassadeur persan, que l'on vit à Paris peu de temps avant la mort de Louis XIV. Le premier trait qui le caractérise, ce sont toutes les difficultés qu'il crut avoir à surmonter pour faire dignement son entrée à Paris. Il s'était arrêté à Charenton, où M. le baron de

Breteuil, qui n'avait pas le mot de l'énigme, s'étant rendu en sa qualité d'introducteur des ambassadeurs, le trouva couché auprès du feu sur de riches tapis à la manière des Orientaux et le complimenta en style oriental. Le ministre persan, qu'au premier abord il avait pris pour un gros singe, ne s'était pas levé à son arrivée ; seulement il s'était placé plus commodément et l'avait écouté fièrement, le coude appuyé sur le carreau. Quand M. de Breteuil eut parlé, Méhémet-Rizabeg commença par exiger que ce fût le ministre des affaires étrangères qui vînt le recevoir, parce que, disait-il, la charge de ce ministre correspondait à celle de grand-vizir. Il voulait donc que le grand-vizir de France vînt le chercher à Charenton dans les carrosses du roi ; que ce ministre en descendît alors et s'en retournât à cheval, tandis que lui, ambassadeur persan, il ferait la route seul dans la voiture. Cette condition était expresse ; il ne pouvait, disait-il, consentir à se renfermer dans une boîte avec un Chrétien. Il déclarait aussi qu'il ne ferait son entrée qu'après la lune de février : telle était sa ferme résolution, parce que tous les jours qui restaient jusqu'à cette époque, étaient connus par lui pour des jours malheureux. On voit si la science du dominicain Albert le Grand n'est pas révérée dans tous les pays.

Toutes ces conditions furent remplies, ou elles ne le furent pas. Au moment du départ, notre ambassadeur se trouva fort embarrassé : il ne pouvait partir sans se lever, et comme M. de Breteuil était présent, il ne voulait pas être debout devant lui. Il paraît qu'il ne voulait pas non plus se faire porter, ce qui eût obvié à tous les inconvéniens. Prier M. de Breteuil de s'éloigner, il ne l'osa peut-être point ; mais il fit mieux, il l'y força par l'extrême impatience qu'il lui fit éprouver. Le seigneur français, qui cherchait à respirer un instant loin de l'ennuyeux personnage, ne fut pas plutôt hors de l'appartement, que Méhémet, profitant du moment, s'élança comme un trait, courut saisir la bride d'un cheval et se jeta en selle. M. de Breteuil, justement piqué, lui signifia de descendre. Le Persan furieux montra son sabre et pressa son cheval, mais le coursier fut arrêté ; et le Persan, contraint de mettre pied à terre, courut encore aussitôt dans son appartement où il se

roula sur ses tapis. M. de Breteuil qui arrivait seul au même instant, se vit alors, par
son ordre, environné de six soldats de sa
suite qui le couchaient en joue. Tout autre
qu'un Français eût pu être intimidé : M. de
Breteuil se contenta de lui dire que s'il le
voulait, d'un coup de sifflet il ferait sur-le-
champ paraître six mille hommes armés, et
le saisissant par les boutons de sa veste, il le
força de se lever et de marcher. Méhémet,
un peu sot, se décida si brusquement à obéir,
qu'au moment où il courait pour monter en
voiture, il renversa deux ou trois gentilshommes qui se trouvaient sur son passage.

On s'était déjà porté en foule à Charenton
pour voir ce maussade individu ; sa célébrité
ne pouvait que s'accroître lorsqu'il fut à Paris ;
mais l'air de la capitale eut la vertu de le
rendre presque aimable, ou au moins lui fit
perdre beaucoup de la rudesse de ses manières. Il affectait de se montrer en public, faisait
des promenades sur l'eau, ou parcourait les
rues précédé de son étendard, escorté de ses
fusiliers et suivi de quatre chevaux harna-
chés à la persanne ; seulement il était resté
fort scrupuleux à ne rien entreprendre avant

d'avoir feuilleté ses livres et bien examiné s'il ne se hasardait point en un jour qui fût d'un mauvais présage. La manière dont il prenait ses repas excitait surtout la curiosité publique. Une nappe de brocard d'or était étendue à terre sur son tapis; il se faisait servir du riz, en prenait avec les doigts, et le pétrissant dans ses mains en formait plusieurs boulettes qu'il lançait ensuite l'une après l'autre dans sa bouche. « Tout le monde courait à ce spectacle, disent les Mémoires du temps, et les dames curieuses de tout, non contentes d'être allées à Charenton avec des hommes de la première qualité, venaient chez lui en si grand nombre, qu'il avait souvent plus de quarante femmes dans sa chambre, et autant qui attendaient pour entrer. Il ne pouvait s'accoutumer à la familiarité des deux sexes en France : il ne permettait pas qu'ils se trouvassent ensemble; il avait réglé que les femmes viendraient le soir et les hommes le matin; il les recevait avec politesse, mais sans se lever, fumant continuellement et faisant donner du café, du sorbet et du thé à qui en voulait prendre; il avait une musique, et la complaisance des dames pour lui fut telle, qu'elles se portèrent à danser seules sans la compagnie des hommes. » Ne serait-il pas maintenant fort piquant que ce Persan illustre, si respectueusement accueilli par les grands et si fêté par les belles, ne fût qu'un adroit Personnage qui ait joué son rôle également bien avec les uns et avec les autres? Si l'on en croit les Mémoires, cette ambassade ne fut qu'une comédie et l'acteur principal un Jésuite portugais.

TACONNET.

Le fameux TACONNET fut surnommé *le Molière des Boulevards*. Il était auteur et acteur, et a composé pour le théâtre de Nicolet plus de cinquante ou soixante parodies, farces ou parades. *Les Écosseuses de la Halle*, farce; *Nostradamus*, parodie de *Zoroastre*; *les Époux par chicane*, parodie d'*Hypermnestre*; *Cadichon et Babet*, parodie de *Pyrame et Thisbé*; *le Poisson d'avril*, parade; *la Mort du Bœuf gras*, tragédie pour rire; *les Bourgeois-Comédiens*, ou *la Folie à la mode,* tragi-comédie-lyrique; *les Aheuris de Chaillot,* ou *Gros-Jean bel esprit,* etc. On distingue dans ses productions *les Aveux indiscrets* et *le Baiser donné et rendu.* La plupart de ses héros étaient des savetiers, des ivrognes, des commères, des barbouillards, des égrillards; mais il aimait surtout les savetiers. Il donna *le Savetier philosophe, ou l'Esprit tiré aux cheveux; le Savetier avocat; le Savetier gentilhomme; le Financier et le Savetier.* C'était aussi le rôle qu'il préférait, et l'on peut dire qu'il le remplissait avec une rare perfection. Ses parades attiraient une foule immense sur le boulevard du Temple; non seulement la multitude y courait, mais les personnes de qualité s'y rendaient dans leurs voitures, de manière que sur tous les points d'où il était possible d'apercevoir la porte du Théâtre de Nicolet, ce n'était qu'affluence de peuple et rangées de riches équipages, stationnés comme devant l'hôtel d'un ministre. Ce que l'on admirait surtout dans le Farceur moderne, c'était la gravité avec laquelle il remplissait son personnage de savetier. Son costume n'était pas moins plaisant. L'acteur avait une

scène de prédilection, où feignant d'avoir
quelque chose à ramasser, il se retournait
tout-à-coup et montrait en se baissant, un
fond de culotte tout déchiré, au travers duquel passait un pan de sa chemise. Cette vue
était le signal des applaudissemens, qui par-
taient aussitôt de toutes parts avec des cris
de joie et d'enthousiasme.

Taconnet était né à Paris en 1730, d'un me-
nuisier, dont il avait d'abord appris et exercé
l'état. Il avait débuté sur les tréteaux de la
Foire. Un autre rôle qu'il jouait aussi avec le
plus grand succès, c'était celui d'ivrogne,
et il se piqua même, assure-t-on, de le représenter si souvent au naturel, qu'il finit par
être la victime de son zèle. « Il mourut, disent
les historiens, à l'hôpital de la Charité, le 29
décembre 1774, des suites de ses débauches. »

Ce grand Personnage savait d'un seul mot,
peindre à la fois son caractère et rendre toute
la force de ses pensées. Voulait-il exprimer
tout le dédain que quelqu'un lui inspirait?
je le méprise comme un verre d'eau, disait-il.
Nicolet le voyant à son lit de mort et concevant
toute l'étendue d'une telle perte pour son
théâtre, s'écria, en parlant au médecin : sau-

vez-le-moi, je vous donne dix louis. A ces mots, le moribond entrouvrit les yeux : *faites-moi plutôt*, dit-il, *apporter une bonne bouteille de vin de Bourgogne*. Ce fut un instant après qu'il expira. Comme auteur dramatique d'une étonnante fécondité, il n'avait eu pour rival que le seul Poinsinet, qui vers le même temps étant allé en Espagne eut le malheur de se noyer dans le Quadalquivir ; comme Farceur, il n'eut point d'égal parmi ses contemporains. On lui fit cette épitaphe :

> O mort ! en veux-tu, dans ta rage,
> Aux plus grands auteurs de notre âge ?
> Dans trop d'eau s'éteint POINSINET,
> Et dans trop de vin TACONNET.

RAMPONNEAU.

ON a raison de dire que des chemins opposés font souvent arriver au même but. Taconnet s'immortalisa en montant sur les tréteaux ; Ramponneau se rendit célèbre en ne voulant pas y monter. Il paraît que les plus grands moyens comiques de notre nouvel acteur consistaient dans le seul aspect de sa personne. La nature s'était apparemment plu à empreindre sur sa physionomie tout ce que les autres étaient obligés de chercher au fond de leur cervelle, et un faiseur de parades jugea que sa fortune était faite s'il pouvait seulement le montrer à sa porte. Ramponneau était cabaretier à la Courtille, et passait bien pour un personnage dont la mine était si comique qu'elle avait suffi pour achalander sa boutique; il avait même adopté un costume original; tous ses garçons étaient coiffés d'un bonnet en pain de sucre de différentes couleurs; tableau grotesque qui attirait la foule. Mais Ramponneau ne voulait que vendre son vin : toutes ses prétentions se bornaient là. Un jour, deux inconnus très-bien mis se présentent, font grande dépense, l'invitent à boire avec eux, l'enivrent, et lorsqu'il a repris ses sens, il se trouve engagé par un écrit bel et bien signé de sa main, *à paraître et jouer dans le spectacle de* GAUDON, *ainsi qu'à tout autre endroit, depuis trois heures de relevée jusqu'à la fin du spectacle, tant de jour que de nuit.* Gaudon s'était fait donner *la licence d'annoncer, afficher Ramponneau, le faire voir en dehors et en dedans, peindre son portrait naturel et faire des chansons, livres et pièces à son avantage.* L'écrit finissait par ces mots : *fait double entre nous*, au dédit de la somme de mille livres *contre le premier contrevenant aux articles ci-dessus. A Paris, le 24 mars* 1760.

La figure de Ramponneau devint bien plus comique encore à la lecture de cet engagement. Notre recrue se hâta d'aller trouver un notaire chez lequel il protesta contre la surprise; de la maison du notaire il courut chez les avocats et les procureurs; des avocats et des procureurs il en vint à implorer les juges, tout cela était fort bien, c'était s'y prendre avec méthode et dans les formes, mais Ramponneau s'était soumis à un dédit de mille livres et en attendant l'issue de la procédure, il fallut qu'il servît de mannequin à la porte du spectacle. C'est le seul de mes Personnages qui se soit illustré malgré lui. Taconnet célébra son aventure par une farce intitulée : *Arlequin-Ramponneau.*

FANCHON LA VIELLEUSE.

Aux montagnes de la Savoie,
Je naquis de pauvres parens....

Je sais, je sais, interrompt le lecteur :

— Voilà qu'à Paris on m'envoie,
Car nous étions beaucoup d'enfans.
Je n'apportais, hélas ! en France,
Que mes chansons, quinze ans, ma vielle et l'espérance,
Et l'espérance.

Et l'espérance! Que faut-il de plus à une jeune et jolie personne! Elle était bien jolie, Fanchon la vielleuse ! vous l'avez vue sur le théâtre de la rue de Chartres. Convenez aussi que ce fut une fille extrêmement sage; vous avez sans doute lu les romans publiés sous son nom. Comment eût-elle cessé d'être vertueuse, d'après la chanson suivante qu'elle chantait en venant à Paris? Je parle ici d'après un de ses romanciers M. L. P....

AIR : *Voulez-vous voir la marmotte.*

Afin d'voir cette ville
Qu'on vante aux alentours,
J'ai quitté l'humble asile

Où s'écoulaient mes jours ;
Mais m'rappelant de Jeannette
Le sort donloureux ,
J'n'irons point sur l'herbette
Avec l'z'amoureux :
Car en sortant d'not' village,
Et m'pressant dans ses bras ,
Mon père m'dit : sois toujours sage,
Prends bien garde aux faux pas.

Arrivée à Paris, que fait notre petite ? « Fanchon joue de la vielle aux Boulevards, » dit M. Geoffroy, dans son feuilleton du 13 » pluviose an xi : elle sait, à la fin d'un re- » pas, animer la joie des convives par des » chansons gaillardes; et, ce qu'il y a de plus » lucratif dans son art, elle va montrer la » marmotte en ville. En un mot, c'est une » artiste; ses petits talens deviennent à la » mode : l'or et l'argent lui pleuvent de tous » côtés; elle achète une terre considérable » dans la Savoie; et à Paris, un hôtel superbe » qu'elle fait meubler magnifiquement; elle » y vit avec des officiers et des abbés, tou- » jours la plus vertueuse fille du monde, et, » ce qui n'est pas moins extraordinaire, tou- » jours vielleuse. »

Je pourrais terminer là mon article. Fanchon s'est souvenue des avis de son père et n'a pas trébuché... Mais que vois-je donc, en rétrogadant, de la romance de M. L. P... au commencement de son livre? Ne voilà-t-il pas qu'un petit mot de préface me laisse entrevoir ces lignes : « Je suis seulement fâché que ceux qui ont mis au jour cette aimable fille, en aient fait une vertu plus altière que Pénélope, tandis que la moralité de cette séduisante vielleuse était un peu suspecte. Mais elle était jolie, elle avait de beaux yeux, une bouche divine, deux jambes délicates, des bras mignons, des doigts agiles et une main potelée. Quels avantages pour toucher la cervelle la plus lourde!... » Eh! mon Dieu, qu'au-t-elle donc fait, cette malheureuse! Je songe maintenant à ces abbés et officiers qu'elle fréquentait.... Ne lisez jamais les préfaces des romans.

BALTHASAR ou LE PETIT PRINCE NOIR.

Voici une haute infortune. Tout Paris a vu Balthasar ou le petit Prince Noir. On le rencontrait souvent, avant la révolution, dans

le Jardin des Tuileries. Il était en effet d'une
très petite taille; il n'avait pas quatre pieds
et demi; mais son regard était fier, son costume décent et digne encore de sa naissance:
habit noir, épée au côté, chapeau à plumes,
souliers à talons rouges. Dès les commence-
mens de nos troubles politiques il tomba dans
une extrême misère, et on le vit alors mendier à l'une des portes du Louvre.

C'est là que je l'avais plusieurs fois remarqué. Quoique je fusse jeune encore et très-
peu réfléchi, déjà j'éprouvais ce pressenti-
ment inévitable à l'homme qui devait être
un jour l'historien des Personnages célèbres
dans les rues de Paris; tout ce que j'entendais
raconter du petit Prince Noir intéressait vivement mon cœur et ne satisfaisait point ma
curiosité. Un soir je m'approchai de lui, l'in-
vitai à venir le lendemain déjeuner avec moi,
et le quittai en lui donnant un rendez-vous
auquel il me promit de se rendre.

Il est un âge où les moindres actions portent un caractère de franchise et d'amabilité
qui les rendent extrêmement séduisantes.
Balthasar me tint parole. Je l'emmenai du
côté des Champs-Élysées chez un restaura-

feur, des fenêtres duquel nous contemplions le vaste fleuve des Parisiens, roulant majestueusement et sans bruit ses ondes pacifiques; bien faible image de cet immense Océan qui avait vu naître notre Indien, et vers laquelle il ne cessait pourtant de tourner ses regards avec satisfaction. Balthasar ne savait à quel motif attribuer le tendre intérêt que je lui témoignais, il m'en exprimait sa reconnaissance. Prince, lui dis-je enfin, je vous avoue que mon invitation n'était pas tout-à-fait désintéressée. Je brûle du désir d'entendre de vous-même le récit de vos malheurs.

A ce mot, Balthasar soupira, ses yeux se remplirent de larmes, et son triste silence me rappelait ce vers du Troyen fugitif :

Infandum, regina, jubes. . . . . . .

Vous le voulez, me dit-il; ce récit est bien pénible pour mon cœur, et cependant j'aime à le retracer, il est plein de charmes pour moi, parce qu'il me venge toujours en quelque sorte de la cruauté du sort et qu'il intéresse vivement toutes les âmes sensibles. O mon père! ô ma chère Inamaï! et vous, lieux témoins des jeux de mon enfance et de la

gloire de mes ancêtres! lieux qui deviez me
voir à mon tour revêtu du *maro* éclatant,
marque de la puissance suprême, et le front
ceint du diadème surmonté des plumes sa-
crées! objets si chers, je ne devais plus vous
contempler, je vous quittais pour toujours!
Un prêtre... (et loin de moi de m'en prendre
à une religion sainte, parce qu'un de ses
ministres fut indigne d'elle!..) un prêtre perfide devait ravir un fils à son père, un prince
à ses sujets, l'amant le plus tendre à la plus
sensible des amantes!... Ici Balthasar se cacha
quelque temps la figure avec ses deux mains.
Lorsqu'il eut calmé sa douleur, il me fit le
récit suivant, qui sans doute plaira d'autant
plus aux dames, qu'il a le grand mérite d'être
à la fois authentique et rempli d'un merveilleux fort touchant. C'est un petit roman historique.

HISTOIRE DU PETIT PRINCE NOIR,

racontée par lui-même.

« Mon nom est Balthasar-Pascal CELSE. Je
suis réellement, ainsi qu'on l'a publié, le fils
aîné du roi de Timor et de Solor; j'étais l'hé-

ritier présomptif de ces deux royaumes situés dans les Moluques, îles de la mer des Indes sous le cercle équinoxial. Vous vous apercevez qu'une éducation européenne m'a donné des connaissances qui ne sont pas ordinaires dans un prince indien; hélas! que ne sommes-nous encore, les miens et moi, privés de tant d'avantages!

» Vos voyageurs ne vous trompent point dans la description qu'ils font des Moluques. Le sol de ces îles présente en effet un tableau pittoresque : des monts orgueilleux dont la cime se perd dans les nues, des rochers énormes entassés les uns sur les autres, des cavernes hideuses et profondes, des torrens impétueux, de terribles volcans; tout semble annoncer que la mer a vomi ces îles par l'effet d'un feu souterrain. Elles produisent le cocotier, le *sagou*, espèce de palmier dont l'intérieur est rempli d'une moëlle farineuse dont on fait du pain. Le girofle et la muscade y abondent et les ont fait nommer les *Iles à épiceries*. Timor particulièrement produit de la cire, du bois de sandal et une petite fève très-recherchée que nous nommons *cadiang*. Mais Timor, hélas! recèle dans son sein, un métal jaune que mes ancêtres avaient toujours dédaigné, et dont je ne devais connaître tout le prix qu'en me voyant sur une côte étrangère, réduit à en mendier une parcelle pour soutenir ma malheureuse existence. Timor recèle des mines d'or. On y trouve en outre des topazes, des rubis, des saphirs d'eau et diverses autres pierres que l'on juge ici fort précieuses.

» Ce furent les Portugais qui les premiers se rendirent maîtres des Moluques. Les Espagnols leur disputèrent bientôt cette précieuse proie et finirent par la partager avec eux. Vinrent ensuite les Hollandais qui la leur ravirent à tous deux, et ensuite les Anglais qui voulurent s'en emparer à leur tour, mais qui furent obligés de la laisser aux Hollandais. Malgré tous ces débats sanglans entre des étrangers qui s'arrachaient les productions de notre territoire, la puissance et l'autorité des souverains indigènes ne furent point avilies; leur indépendance resta absolue. Le roi de Timor et de Solor ne voit que Dieu au-dessus de lui : les Portugais et les Hollandais font un riche commerce dans ces îles et n'y sont que les premiers sujets de mon père.

II.   9

» Je naquis donc l'héritier d'une couronne illustre et que rien n'avait pu flétrir. Mes douze premières années se passèrent au milieu des honneurs et de la magnificence dus au premier prince du sang royal. Je marchais à peine que déjà mes mains faibles s'essayaient à lancer des javelines et à diriger le terrible *pahouha*, notre arme la plus meurtrière. Bientôt, me dérobant à tous les seigneurs de ma cour et voulant les rivaliser en agilité, je m'élançais seul loin d'Animatie, la capitale de mon père, au milieu des vastes plaines, gravissais nu-pieds les montagnes escarpées, poursuivais les animaux féroces jusque dans le sein des roches caverneuses, et franchissais les torrens à la nage. Vous savez, surtout, combien l'adresse infatigable et l'intrépidité de nos Indiens opèrent de prodiges au milieu des flots les plus impétueux. Les jeux de l'enfance la plus tendre sont de plonger dans les ondes calmes du grand Océan ; ceux de l'adolescence sont de braver les fureurs de la mer la plus agitée. Trois fois, me mêlant aux exercices de la jeune noblesse de Timor, je me précipitai sous la vague rapide qui accourant sur le nageur, menace de le bri-

ser avec elle contre les pointes aiguës des
rochers du rivage, et trois fois je reparus
triomphant sur le flot agité, prêt à braver
encore le flot qui lui succède *. Mes jeunes
compatriotes proclamèrent en moi le digne
rejeton des monarques de l'Inde. Bien que je
sois aujourd'hui court et trapu, je promettais
cependant alors d'avoir comme mes ancêtres,
une taille majestueuse ; tous ces exercices devaient d'ailleurs développer mes membres ;
mais ravi enfant à mes hautes destinées, les
principes de vie semblèrent tout-à-coup s'é-
teindre en moi : je restai frappé des marques
de la servitude.

» Vous n'entrevoyez pas encore la source
de mes maux ; mais puis-je ne pas vous parler
des seuls jours heureux que le ciel ait voulu
m'accorder ! vous n'aurez bientôt plus qu'à
gémir sur mon sort. Vers ce même temps, le
roi de Ternate, île voisine, conçut le projet
insensé de vouloir envahir Solor, et y débar-

---

* Les Voyages de Cook donnent plusieurs descriptions
de ces exercices, qui sont familiers aux habitans des
îles de la mer du Sud , et dont le spectacle cause toujours aux navigateurs autant d'étonnement que d'admiration.

qua des troupes à l'improviste. Le roi de Ternate est un des princes de l'Inde les plus puissans après celui de Timor. Mon père se met aussitôt à la tête de ses guerriers, et saisissant cette occasion de me voir faire mes premières armes, il m'emmène avec lui. C'était combler tous mes désirs. Je le suis, je précède ses vieilles légions qui n'ont jamais connu que le cri de la victoire, et qu'anime encore, en ce moment, la présence de l'héritier du trône. A notre seule approche, l'ennemi s'est précipitamment enfui de Solor; mais mon père, justement irrité contre un allié perfide et sans foi, veut le punir et le priver de ses propres états. Presque en même temps que les guerriers fugitifs de Ternate, nous arrivons sur leur île. Les deux armées se rencontrent enfin dans une plaine immense, aux portes mêmes de Guammalamma, la capitale de ce royaume, et c'est là que s'engage l'action. Nos troupes firent des prodiges de valeur. Les Ternatiens s'affaiblissaient à vue d'œil; leurs forces, accumulées précipitamment, ne résistaient point à l'impétuosité des nôtres. Quant à moi, vous dirai-je si mon jeune courage voulut se distinguer? J'avais presque

toujours combattu aux côtés de mon père,
lorsqu'un jeune Ternatien, qui m'était venu
braver insolemment, s'étant tout-à-coup re-
plié sur les siens, je me trouvai, en le poursuivant, au milieu même des ennemis, qui
m'entourèrent aussitôt et m'entraînèrent dans
la ville. Préférant une mort glorieuse à la
honte de l'esclavage, je luttais contre tous et
ne pouvais manquer de périr selon mes vœux;
mais ce n'étaient ni le trépas ni d'indignes
chaînes qui m'attendaient : le sentiment le
plus tendre, et qui m'était jusqu'alors inconnu,
devait en ce moment agiter mon cœur. Soudain mes ennemis suspendent leurs coups,
comme arrêtés par la présence d'une divinité
qui protége mes jours. Etonné, je regarde :
je vois s'avancer Inamaï, princesse de mon
âge, et dont j'avais souvent entendu vanter
l'extrême beauté. Je l'entends gémir d'une
guerre injuste et conseillée par un ministre
perfide qu'elle accuse des maux de l'état et
des dangers que court la vie de son père.....
Les armes m'étaient tombées des mains ; je
restais muet, sans défense, et prêt à me jeter
aux genoux de la fille de mon ennemi, lorsque des cris affreux se font entendre. A ce

tumulte, à l'horrible confusion qui partout se fait remarquer, je juge que Ternate est au pouvoir des nôtres. « O adorable Inamaï ! m'écriai-je, venez, ne perdons point de temps..... S'il fallait que mon absence devînt fatale à ce père chéri que votre cœur excuse ! s'il fallait..... Venez, que votre seul aspect remporte une victoire nouvelle et plus belle encore. » Inamaï, éperdue, se hâte sur mes pas. Je reparais au milieu des miens. A ma vue, des cris de joie s'élèvent de toutes parts; mon père lui-même accourt..... Mes craintes ne se trouvaient que trop réalisées. Le roi de Timor, ne doutant point que les ennemis ne m'eussent fait périr, allait, dans son courroux impitoyable, s'en venger sur le vaincu fait prisonnier. Déjà se voyaient les apprêts du supplice : l'infortuné roi de Ternate était sur le point d'être brûlé vif.

» Mon père passait rapidement des mouvemens les plus emportés aux transports les plus tendres, et éprouvait avec une égale vivacité la haine et la reconnaissance. Il pressa contre son cœur, il inonda de larmes celle qui avait conservé mes jours, fit aussitôt délivrer le père d'Inamaï, lui rendit ses

états, n'exigeant d'autre satisfaction que la
punition du ministre coupable. Une étroite
intimité entre les deux rois se trouvant ainsi
rétablie, il s'ensuivit un projet qui, en comblant mes vœux les plus doux, ajoutait encore
à l'éclat de la couronne dont j'étais l'héritier
présomptif. La main d'Inamaï devait réunir
un jour sous mes lois le royaume de Ternate
à ceux de Timor et de Solor. Vous me croyez
au comble de la prospérité, et cependant mes
plus grands maux ont commencé. La fortune
cruelle ne me faisait entrevoir tant de biens
que pour me faire éprouver plus de regrets
dans l'adversité qu'elle me préparait. Je vous
ai dit que les Portugais et les Hollandais n'é-
taient à Timor que les premiers sujets de
mon père. L'expression n'est pas exagérée :
ils n'y prenaient absolument aucune part aux
affaires politiques, mais il n'en était pas ainsi
des affaires religieuses. Différens missionnaires
s'étaient établis dans l'île, et il s'y était glissé,
sous l'habit de ces vénérables ecclésiastiques,
un monstre qui, dévoré par la soif de l'or,
ne cherchait pour l'assouvir que l'occasion
d'unir la ruse la plus adroite à la plus profonde scélératesse. C'était le père Ignace,

Dominicain portugais. Il était parvenu, par sa conversation aimable et insinuante, à se faire distinguer de mon père qui me l'avait donné pour gouverneur. J'avais puisé dans ses leçons les notions générales des diverses sciences et des arts Européens, j'étais élevé dans les principes de la religion catholique; mais tout cela ne suffisait pas, disait-il souvent au roi. Il jugeait nécessaire « de dépayser l'héritier d'une couronne pour le former. C'était, ajoutait-il, loin des douceurs du palais paternel, loin de l'illusion dangereuse que porte dans les esprits la proximité du trône; qu'un prince devait apprendre à régner; c'est ainsi qu'en Europe les maîtres des nations faisaient l'apprentissage de leurs glorieuses et pénibles fonctions. »

« Tous ces beaux raisonnemens restaient sans effet. Mon père ne pouvait se prêter à l'idée que je m'éloignasse de lui. Il sera chrétien, répondait-il, et par conséquent il sera juste; il est déjà plus instruit que je ne le suis moi-même; il m'a prouvé qu'il serait brave; je lui laisserai un royaume vaste et florissant : que faut-il de plus ?

» Le Dominicain, voyant qu'il ne pouvait

rien gagner ainsi, changea de batterie; la nouvelle des événemens qui s'étaient passés à
Ternate et l'alliance projetée, lui inspirèrent
tout-à-coup l'idée d'un nouveau plan de conduite, qui devait bientôt le faire arriver à ses
fins. J'avais quatorze ans. Le père Ignace représenta que j'étais dans l'âge de participer
au mystère le plus étonnant et le plus sacré
que nous offre la religion, en m'approchant
pour la première fois de la sainte table. Il
observa même, que puisque déjà l'on s'occupait de mon mariage, il fallait prévenir
l'âge des dissipations pour bien affermir mon
âme dans la voie du salut. Ceci fut approuvé
de mon père qui était fort pieux. Le roi consentit même, pour que la cérémonie fût pro-
portionnée à la grandeur du sacrement, que
mon gouverneur me conduisît à Macao où
se trouvaient un évêque et un clergé nom-
breux. Ce petit voyage se fit agréablement.
Je revins pénétré des sentimens de la piété
la plus tendre et surtout très-empressé de raconter ce que j'avais observé dans la ville
chinoise. La forteresse à deux batteries, l'immense rade, la muraille construite d'écailles
d'huîtres, les factoreries, les églises, les mo-

nastères, tous ces objets avaient frappé mon imagination; cependant le père Ignace m'avait dit que tout cela n'était rien au prix de ce que j'aurais pu voir seulement trente lieues plus loin, à Canton; et Canton ne pouvait encore à son tour me donner une idée de tout ce que l'on voyait en Europe. Mon gouverneur m'avait fait aussi remarquer à Macao la grotte fameuse où le Camoëns écrivit son poëme; c'est un petit enfoncement dans un rocher très-élevé, et qui n'est que précisément assez large pour s'y asseoir commodément. De là on plane sur l'immense étendue de l'Océan, et l'on a en perspective différentes petites îles qui, lors du lever et du coucher du soleil, forment, quand la mer est calme, un groupe très-pittoresque. Jugez, si pendant les tempêtes, une pareille position était moins capable d'échauffer l'imagination d'un poète! c'est de là sans doute qu'il crut voir apparaître son géant Adamastor. Un Portugais ne pouvait manquer de me faire visiter cette grotte révérée de ses compatriotes.

Mes récits ne tarissaient donc point. Le père Ignace écoutait en souriant. Il me semblait remarquer dans la joie qui brillait dans ses yeux, quelque chose de perfide et de cruel que ne pouvait définir mon extrême inexpérience de la perversité humaine. Mais ce qui ne m'étonnait pas moins, c'était l'air rêveur, le profond silence de mon père depuis mon retour à Animatie. Un matin il me fait appeler dans son cabinet. Prince, me dit-il, mon cœur vient de se résoudre au plus grand des sacrifices; mais l'intérêt de mes peuples et des vôtres, l'éclat de ma couronne, la gloire du trône qui vous est réservé, l'exigent de votre part et de la mienne. Vous allez voyager, vous allez pour quelques années vous séparer de moi, vous éloigner des lieux encore sauvages qui vous ont vu naître, et visiter les nations civilisées de l'Europe.... L'extrême agitation de mon père ne lui permit pas de continuer. Je restais sans pouvoir proférer un seul mot.... Quoi, sire, dis-je enfin, d'une voix tremblante, vous voulez que loin de vous.... loin d'Inamaï....—Inamaï, reprit-il vivement, Inamaï, c'est ma fille chérie, elle le sera toujours, et toujours son père sera mon meilleur ami.... Mais, ô mon fils! cède à la voix irrésistible des cieux protecteurs, qui veulent enfin prouver aux nations lointaines si les monarques de l'Inde, si le puissant roi de Timor et de Solor ne sont réellement que des Barbares. Va, mon fils, au milieu d'elles; et pour prix de quelques misérables monceaux d'or qui vont éblouir leurs regards avides et leur donner une idée de nos richesses, emprunte d'elles les seules qu'elles possèdent, le fruit des longues méditations de l'esprit humain, les productions du génie, les arts consolateurs, la science du commerce et de la navigation, et la douce morale qui rend heureux et civilise les peuples.... Si quelque princesse européenne, éblouie de l'éclat de ton trône, voulait allier... Mais, que dis-je? ô mon fils bien aimé! ne cesse de t'en rapporter aux avis de ton sage gouverneur. Pars, il le faut, je l'ordonne, mais reviens, hâte-toi de revenir auprès de ton malheureux père....» Il dit, ses traits étaient altérés, le trouble de son cœur déchiré se manifestait à chaque mot; je voyais qu'un torrent de larmes était prêt à s'échapper de ses yeux.... Il me quitte aussitôt et me laisse profondément occupé d'interpréter le sens de ses dernières paroles. « Inamaï sera toujours sa fille chérie, et cependant si quel-

que princesse européenne voulait allier....»
Long-temps je ne pus attribuer cette étrange
contradiction qu'à son trouble extrême ou à
des idées fort vagues et subordonnées à des circonstances impérieuses. Mais l'infortuné roi
de Timor, qu'il était si dangereux de vouloir tromper, était cependant le jouet de l'ar-
tifice le plus odieux. Ce ne fut que bien long-
temps après et au sein de ma plus cruelle adversité, qu'une rencontre, hélas! bien douloureuse et surtout fort inattendue, me mit
à même de pénétrer ce mystère; je puis
dès à présent, pour ne pas déranger l'ordre
des faits, vous révéler les manœuvres perfides que le père Ignace avait employées pour
déterminer le roi à me faire voyager et s'emparer enfin des immenses trésors qui me seraient confiés.

» Mon voyage à Macao, considéré dans
son motif religieux, venait de mettre un obstacle éternel à mon union avec Inamaï. J'a-
vais participé au plus grand mystère de la
religion des Chrétiens et la fille du roi de Ternate était restée inviolablement attachée aux
dieux de sa patrie, aux *Eatouas*. Le père
Ignace, à notre retour, feignit d'avoir ignoré

cette circonstance, et déclara qu'il n'y avait plus aucun remède, à moins que la princesse ne voulût se convertir. Le développement de toutes mes facultés intellectuelles pendant la courte absence que j'avais faite, étonnait mon père; le Dominicain profita de cette vive impression qui ébranlait l'esprit du roi, pour reproduire à son imagination le tableau des brillantes destinées qu'il procurait à sa glorieuse descendance si je voyageais en Europe; le leurrant enfin d'un espoir trop sûr de flatter le cœur de ce malheureux prince, il l'assura que toutes les cours de l'Europe se disputeraient l'honneur de s'allier intimement avec lui en offrant une princesse du sang royal pour épouse, à l'héritier des royaumes de Timor et de Solor. Au surplus, ajouta-t-il, s'il en arrivait autrement, ou que mon père et moi-même nous voulussions absolument tenir notre parole envers le roi de Ternate, ce voyage nous offrait seul un espoir de lever toutes les difficultés, parce qu'il me conduirait à Rome et obtiendrait des dispenses du Souverain Pontife. Telles avaient été les insinuations du père Ignace.

» Cependant un bâtiment portugais était

préparé, et déjà l'on citait le jour où il devait
mettre à la voile. Le souverain de Timor ne
revenait jamais sur une résolution qu'il avait
prise. Après cette première entrevue, où il s'é-
tait laissé entraîner à toute la tendresse d'un
père, il ne montra plus que l'âme inébranlable
d'un roi. Toute l'île retentissait de ce voyage
prochain de l'héritier du trône, par des parages
lointains d'où il ne reviendrait que pour rendre les Timoréens le plus grand peuple de
l'univers. La nouvelle s'en répandit dans les
îles voisines. Mon père la communiqua même
officiellement au roi de Ternate, qui, dit-on,
la reçut en soupirant. Inamaï vint à Timor
auprès de mes sœurs dont elle était tendrement aimée. Elle était accompagnée de Tinni,
son esclave chérie et la dépositaire de tous
les secrets de son cœur. Inamaï m'aimait!....
Ses jours se passaient dans les larmes. Elle
faisait des rêves affreux. Croyez-vous aux
rêves? interrompit brusquement le prince. »

Si la question m'était faite aujourd'hui, que
je suis versé dans l'histoire de mes Personnages, je répondrais aussitôt : il y a trois et
même cinq sortes de songes : *distinguo*....
mais alors je ne distinguais rien et je répon-

dis négativement. «Vous autres Européens, reprit Balthasar, tout en paraissant croire beaucoup, vous ne croyez pas grand' chose. Les songes d'Inamaï m'avertissaient cependant fort intelligiblement des funestes destinées qui m'attendaient, et j'avoue que souvent ils ne me causaient pas moins de terreur qu'à elle-même. Mais il n'y avait plus à balancer. Déjà la tendresse inquiète de mon père avait fait charger le vaisseau de toutes les richesses qui pouvaient m'aider à soutenir mon rang dans tous les pays du monde. Il avait prodigué l'or, les pierreries, les bijoux de prix. « Il semblait, ont dit mes protecteurs en offrant au roi de France le tableau de mes infortunes, il semblait qu'il voulût, à force de profusions, piquer de générosité le religieux qu'il constituait l'économe de tant de trésors, et éluder son avidité en lui fournissant de quoi la satisfaire, sans dépouiller entièrement le maître légitime.»

« Enfin le jour du départ arriva. Dès le matin je courus embrasser les princesses mes sœurs, mon tout jeune frère et ma chère Inamaï que je tins long-temps pressée dans mes bras; mais mon père ne voulut recevoir

mes adieux que sur son trône et environné
de toute la magnificence royale. Mon voyage
était considéré comme une des expéditions les
plus importantes pour l'état. Ce jour solennel
fut d'ailleurs consacré à une cérémonie d'u-
sage parmi nos Indiens et qui semblait en ce
moment annoncer que l'on voulût prendre des
précautions contre la destinée même. Vous
savez que les habitans des îles de la mer du
Sud ont coutume de s'empreindre le corps
de différens caractères ineffaçables ; ce que
l'on nomme *se tatouer*. Chez nous cette opé-
ration était réservée aux princes du sang
royal ; et ces marques incontestables de
ma naissance, que vous voyez sur mon poignet, y furent tracées alors, au pied même
du trône. Cette cérémonie achevée, je mis
un genou en terre, le roi mon père me donna
sa bénédiction et m'admit à la faveur insigne
de baiser sa main. Un brillant cortége s'offrit aussitôt pour me conduire. Tous les jeunes Timoréens étaientrevêtus de leurs nattes
de combat et marchaient sur deux files, le
carquois sur l'épaule, le pahouha en main et
précédés d'une musique guerrière. Au milieu
d'eux se voyait un groupe de jeunes Timo-

réennes, vêtues de blanc et portant des guirlandes vertes, signe de l'espérance. Je suivais
environné des premiers de l'état et d'un
groupe de vieux guerriers. A ma droite marchait le père Ignace, pieusement recueilli et
partageant avec moi les honneurs suprêmes
de cette fête qu'il semblait mentalement re-
commander à la protection des cieux. Le
cortége s'avança en chantant, selon l'usage
antique des Indiens d'employer dans les oc-
casions solennelles, les charmes de la mélodie et le style des phrases cadencées. Hélas!
ces stances chantées alors en mon honneur,
semblent aujourd'hui une critique amère de
notre déplorable crédulité. Elles sont encore
présentes à ma mémoire, et les voici telles
que je les ai traduites en votre langue.

CHOEUR DE VIEUX GUERRIERS.

Suis donc ton dessein magnanime,
Noble rejeton de nos rois!
Nous recueillerons sous tes lois
Le fruit de ton zèle sublime.
Partout la Victoire voudra
Que ton règne à jamais prospère!...
Déjà si fameux sous ton père,
Ah! c'est un Dieu qu'Ignace nous rendra.

JEUNES TIMORÉENS.

Combien notre cœur hâtera
Cette heure en prodiges féconde,
Où le bien, épars dans le monde,
En ces lieux se réunira !
Comme Ignace t'enrichira !

JEUNES TIMORÉENNES.

Combien notre cœur t'attendra
Pour être instruit dans l'art de plaire !
Ah ! s'il existe un lieu sur terre
Où plus tendrement on aima,
Ton saint guide t'y conduira.

Cette strophe finissait à peine, que du milieu de la foule qui bordait notre passage se firent entendre ces paroles que tout le monde écouta silencieusement et avec surprise :

Combien notre cœur gémira,
Si ton absence se prolonge !
Ah ! crains un trop riant mensonge :
Noble infortuné, laisse là
Ton père Ignace *et cœtera*.

Le cortège s'était arrêté. Un murmure suivit ce couplet, et je vis une jeune Indienne s'enfuir avec une rapidité étonnante. Je m'étais

déjà élancé sur ses traces. Mon cœur avait-il
pu la méconnaître au seul accent de sa voix
douce et plaintive? c'était ma chère Inamaï.
Je la suivis dans une enceinte sacrée, où elle
fut à peine entrée que ses forces épuisées
l'abandonnèrent; elle tombait sans connaissance, et je la reçus dans mes bras. Je la bai-
gnais de mes larmes : ô Inamaï! ô mon épouse!
ô ma bien aimée! reviens à la vie et écoute
encore mes sermens de ne respirer que pour
toi. Comme je disais ainsi, je sens qu'un bras
vigoureux se charge de ce précieux dépôt;
les princes et princesses du sang des rois pouvaient seuls pénétrer dans cette enceinte : je
lève un regard indigné. Que vois-je! c'était
mon père! mon père accouru sous un humble
déguisement pour me revoir encore. « Pars,
me dit-il, en me pressant contre son cœur;
ton Inamaï reste confiée à ma tendresse. Pars,
mon fils, tu ne souffres pas plus que moi,
montre-toi digne de ton père. » Rendu à moi-
même par ces mots, je m'élance hors de
l'enceinte, je rejoins le cortége, je presse sa
marche. Arrivé sur le port, je salue mes compatriotes et me précipite dans le vaisseau qui
démarrant aussitôt, m'éloigne à jamais de la

terre natale qui devait reconnaître mes lois.

» Je pourrais terminer ici la déplorable histoire de ma vie. En quittant Timor, je vous l'ai dit, j'avais cessé d'exister. Vous me voyez au pouvoir de mon ennemi. Mille réflexions douloureuses m'assaillirent alors. Quel sinistre présage accompagnait ce funeste départ! les yeux d'Inamaï ne s'étaient pas rouverts à la voix de son amant; c'est dans une enceinte funèbre que j'avais quitté les deux êtres qui m'étaient les plus chers, Inamaï et mon père! Et moi-même, pouvais-je espérer jamais de leur être rendu! Peignez-vous la joie féroce de mon gouverneur au moment où tous ses artifices venaient d'obtenir enfin un succès si complet. Déjà dégradé, déjà déchu de mon rang, je n'étais plus ce prince redoutable que, malgré son jeune âge, vous vous êtes peut-être plu à suivre au milieu de ses guerriers. Plus timide qu'un enfant, je restais soumis et pensif auprès de mon Dominicain. Je sentais qu'un seul instant m'avait rendu son esclave et que je ne pouvais plus rien attendre que de sa bienveillance. Les premiers jours ne justifièrent pourtant pas mes alarmes, et le père Ignace, remarquant mon abattement,

me faisait honte de ma faiblesse. J'avoue même
qu'il parvint à m'inspirer un nouveau degré
de confiance. Mon fils, me dit-il, tant que
vous serez avec moi, Dieu vous protégera.
nous allons parcourir divers pays, qui tous
ont des usages différens. Rapportez-vous en
à moi pour vous faire éviter tous les périls.
J'aurai souvent recours à des moyens opposés; que jamais les apparences ne vous alar-
ment. Laissez-moi agir; je serai partout votre
sauve-garde.

» Tranquillisé par ces mots, je ne songeai
qu'à m'abandonner à sa prudence, et je n'ai
plus maintenant qu'à vous faire un narré suc-
cinct de ses actions. Arrivés à Macao, il prétexta quelques affaires, et quitta le vaisseau.
Mon père, voulant que je fusse toujours environné d'une magnificence digne de mon
rang, avait fait embarquer avec moi une quantité prodigieuse d'esclaves. Mon gouverneur
commença par en vendre vingt-six, parce
que ce nombre l'embarrassait, disait-il; et
probablement ceux qu'il réserva étaient d'une
fidélité sur laquelle il pouvait compter. Il jugea aussi à propos d'échanger une grande

partie des effets contre des marchandises propres à être commercées en Europe.

» De Macao, nous allâmes à Canton, où il
me fit habiter le Ham portugais ; là, il crut
essentiel que je ne parlasse à personne, et
surtout qu'au lieu de tous les ornemens que
je portais, je prisse le costume de sa nation.

» En quittant la Chine, il était apparemment nécessaire que nous changeassions de
bâtiment, et nous nous embarquâmes sur un
navire français nommé le *Duc de Béthune*.
Mais ici je reçus de lui en secret un avis trop
important, pour qu'il me fût possible de le
négliger : c'était de me bien garder de dire qui
j'étais, parce que les vaisseaux français ne
parcouraient les mers éloignées que pour
s'emparer des rois Indiens et les manger. Ces
Cannibales me causèrent une telle frayeur,
que je consentis même à me déguiser sous
l'habit d'un esclave. Seulement, on crut pouvoir me laisser jouir de quelque distinction ;
je prenais mes repas à l'office, tandis que les
véritables esclaves mangeaient sur le pont.
Pour le père Ignace, il avait la table du capitaine.

» Comme nous nous trouvions à la hauteur

de l'île de l'Ascension, nous rencontrâmes deux bâtimens portugais : un évêque et des Jésuites de cette nation, qui faisaient route dans notre vaisseau, le quittèrent aussitôt pour passer dans celui qui se présentait, et regagner le Portugal. Je m'étonnai que mon gouverneur n'en fît pas autant; mais la prudence ne le lui permettait sans doute pas. Quant à moi, je me fusse, avec beaucoup de plaisir, éloigné d'une nation odieuse et barbare, en présence de laquelle j'osais à peine respirer. Il fallait pourtant que j'arrivasse en France, au risque d'y être mangé. Le navire aborda au port de Lorient, après une navigation de neuf mois. Le père Ignace me dit alors de garder le plus profond silence; qu'il allait faire transporter les effets, disposer un logement; qu'ensuite il reviendrait me chercher, et que nous serions chez nous en toute liberté. Il partit donc très-empressé; mais la pièce touchait au dénouement : depuis ce moment, je n'ai pas revu le père Ignace.

» Figurez-vous mon désespoir. Pendant trois jours, j'avais pu l'attendre encore; le quatrième, le capitaine étant revenu au vaisseau , et m'apercevant, me demanda ce que je faisais là. « J'attends le père Ignace , lui répondis-je. — Le père Ignace ! reprit-il ; ah ! parbleu, va, il est loin ; il y a long-temps qu'il est parti avec tout son bagage. Je n'eus plus alors à douter de tous mes maux ; l'horreur de ma situation se peignit avec force à mon imagination d'ailleurs effrayée d'une crainte, que mon âge et mon entière ignorance des mœurs des différentes nations m'empêchaient d'oser tout-à-fait condamner. Dans l'excès de ma douleur, dans l'incertitude cruelle qui m'agitait , je résolus de me donner la mort. Une vieille épée que je trouvai dans le vaisseau me parut propre à terminer mes peines. J'en appuyai le pommeau sur les planches, je dirigeai la pointe sur mon cœur ; j'allais me précipiter sur ce fer libérateur, lorsqu'une voix assez rauque m'arrêta. — Eh ! que fais-tu donc, mon petit ami? tu veux te tuer ! Qui es-tu ? — Un malheureux sans espérance. — Sans espérance? Viens avec moi, tu ne manqueras de rien. — Je suivis mon bienfaiteur. Celui-ci me tint parole, il ne me laissa manquer de rien. Un mois après, il me dit : «Mon ami, j'ai de l'emploi ; je pars pour le Canada, viens avec moi. — Et quel est votre emploi ? — Je suis cuisinier sur un vaisseau ; je compte sur toi, tu m'aideras ». Il fallait bien le suivre : cet homme, malgré son ton brusque, avait un excellent cœur. Je le perdis en route, et la nécessité me forçait de continuer l'humble occupation qu'il m'avait donnée. « Ainsi, ajoutent mes défenseurs, par la plus bizarre et la plus inconcevable de toutes les singularités, un enfant né du sang royal près de l'équateur, allait faire la cuisine à des mousses de vaisseau, au milieu des glaces de la Nouvelle-France ».

« J'errai ainsi pendant plusieurs années. De Québec, je passai en Angleterre ; de l'Angleterre, je retournai en France. J'avais enfin assez couru le monde pour être entièrement désabusé des contes absurdes que m'avait faits mon indigne moine portugais. Je vins à Paris, et j'eus le bonheur d'être accueilli avec intérêt par des personnes de distinction ; elles me recommandèrent à la Compagnie des Indes, qui m'accorda mon passage à la Chine sur un de ses vaisseaux. Je me rendis en toute hâte à Lorient ; mais comme j'arrivais, le vaisseau venait de mettre à la voile. Quelqu'un m'ob-

serva que ce contre-temps n'était peut-être
pas aussi fâcheux qu'il le paraissait. On me fit
remarquer qu'il eût été imprudent d'entreprendre de retourner dans mon royaume sans
savoir si mon père vivait encore, et si mon
frère, profitant de ma mort présumée, ne serait pas reconnu pour l'héritier du trône. Ces
réflexions me parurent judicieuses, et je résolus, avant de songer à m'embarquer sur un
autre vaisseau, de me procurer des nouvelles
de Timor. Je reçus alors momentanément de
la Compagnie une pension alimentaire, pension modique, mais qui suffisait à ma subsis-
tance.

» J'adressai, par la voie du commandant de
Bretagne, plusieurs lettres aux ambassadeurs
de Hollande et de Portugal, avec instances
de les faire passer au roi de Timor et de Solor.
Il fallait deux ans pour avoir des réponses de
ma patrie. Il s'écoula plusieurs années, et mon
attente était toujours déçue. J'écrivis de nouveau. J'allais consulter tous ceux qui avaient
voyagé et de qui je pouvais espérer quelques
renseignemens. J'appris, vers ce temps, de l'é-
vêque de Macao, qui était venu à Paris, que
mon père vivait, et que ma longue absence

avait causé de vives alarmes à Timor : ce fut là tout ce qu'il put me dire de ma famille et de mon royaume ; mais il y joignit une autre nouvelle qui remplit mon cœur d'une mortelle douleur. Ternate était tombé au pouvoir des Musulmans. Et le roi, et sa fille Inamaï, ne cessais-je de m'écrier, que sont-ils devenus ? Le prélat l'ignorait ; il ne connaissait ces événemens que par des bruits incertains et fort vagues, qu'il n'avait même recueillis que depuis qu'il était en Europe. Ainsi mon âme était brisée par une peine nouvelle. Ce n'était pas assez d'avoir tout perdu, j'avais encore à gémir sur le sort de ceux que j'aimais : Inamaï aussi était infortunée !

» Je fus encore reconnu par deux capitaines de vaisseau qui m'avaient vu à Macao avec le père Ignace ; ma naissance fut également attestée par une lettre du gouverneur des Iles de France, et par un chirurgien français qui m'avait vu à Timor même, où il avait été attaché au service de la Compagnie hollandaise, en qualité de chirurgien-major. Malgré cela j'avais la douleur de m'apercevoir que plusieurs personnes doutaient de la vérité de mes assertions. Vers ce temps, la Compagnie des

Indes, qui avait essuyé plusieurs pertes, me priva de ses bienfaits, et je commençai à retomber dans une profonde misère. Cependant, je ne cessai de solliciter la permission d'envoyer des députés à mon père. Un négociant, jugeant bien que plusieurs millions seraient sa récompense s'il parvenait à me rendre à ma patrie, s'offrait d'expédier à ses frais un ou deux navires vers l'île de Timor, à me payer dix mille livres au moment du départ, et deux mille quatre cents livres par mois pendant la durée du voyage, fixée à un intervalle de deux années, mais cette entreprise ne pouvait se faire qu'avec l'assentiment du roi ; des considérations particulières, que l'on crut devoir à la Compagnie de Commerce, mirent un obstacle continuel aux délibérations du Gouvernement, et firent échouer ce projet. Vous me demanderez comment il me fut possible de vivre encore : le malheur nous dégrade, et l'âme s'énerve par une trop longue suite de maux.

» Un jour que je marchais triste et rêveur, mes yeux se portèrent tout à coup sur une Indienne, qui, m'apercevant au même instant, poussa un cri et accourut à moi toute

en larmes : c'était Tinni, la confidente chérie
d'Inamaï. On se peint facilement notre surprise à tous deux. « Pauvre Tinni! lui dis-je,
en quels lieux et dans quelle situation nous
nous revoyons! Quoi! Ternate est tombé au
pouvoir des Musulmans! Et ma chère Inamaï? et son père? Ont-ils échappé aux vainqueurs? Où sont-ils? Mon père les a-t-il se-
courus? Leur est-il resté fidèle? O sage roi
de Timor! que n'avez-vous pu croire aux funestes pressentimens de ma bien-aimée! Vous
avez donc pu être bravé impunément par le
plus lâche des hommes! La vertu seule est
frappée, et le crime est triomphant ».

  « Ainsi toutes mes idées se confondaient; je
voulais tout connaître à la fois. «Prince, désa-
busez-vous, me répondit Tinni. La vertu peut
souffrir, et souffrir cruellement..... Infortuné
Balthasar! que de larmes vous allez répandre
encore! Mais tôt ou tard la vertu est vengée.
L'infâme Dominicain a cruellement payé à
son tour la peine due à tous ses forfaits, et sans
avoir joui des fruits de sa scélératesse. Je vais
répondre à toutes vos questions; mais cher-
chons un asile paisible où nous puissions causer en liberté ».

« Je la suivis. Hélas ! que de malheurs affreux
m'allaient être révélés ! Mon père, Inamaï, n'é-
taient plus ! Et quelles circonstances avaient
causé leur trépas !.... Nous étions près du
Luxembourg. Nous entrâmes dans ce jardin,
et fûmes nous asseoir, non sur des chaises,
mais sur la pelouse même, et les jambes repliées
à la mode de notre chère patrie. Tinni s'était
placée à une juste distance de moi, et tenait,
en parlant, ses bras croisés obliquement sur
sa poitrine, marque de respect que l'on donne
chez nous à la présence du premier prince
du sang royal. L'orgueilleux citadin, qui pouvait nous remarquer en se promenant, et qui
sans doute jetait sur nous un coup d'œil de
mépris, s'imaginait-il qu'à ses yeux mêmes le
fils d'un des plus riches monarques de l'Inde
recevait les hommages de sa cour ? Tinni commença par m'instruire de cette illusion inconcevable, et que j'ignorais jusqu'alors, qui sé-
duisit mon père, en le leurrant de l'espoir
que les princesses européennes se disputeraient l'honneur de s'unir à l'héritier des
royaumes de Timor et de Solor. L'erreur de
mon père avait été de courte durée. Quelques-uns des esclaves vendus à Macao étaient

revenus à Animatie, et le premier procédé du père Ignace avait indigné le roi, en lui faisant concevoir de violens soupçons. Toute sa conduite avait peu tardé à être dévoilée. Des lettres de Canton, des nouvelles de Lorient, avaient prouvé à mon malheureux père l'excès de ses maux et des miens. Tout retentissait de la trahison de l'infâme Dominicain. Vous connaissez le caractère violent du roi de Timor. Dans sa fureur impitoyable, il fit saisir les Missionnaires qui se trouvaient dans l'île, ainsi qu'aux environs, et les fit tous mettre à mort aux portes de sa capitale. Rien ne pouvait calmer la douleur et le ressentiment de ce prince infortuné. Abandonnant son trône et ses peuples, il courait en rugissant s'enfoncer dans les antres caverneux; il parcourait les forêts en appelant contre lui les animaux féroces. O terre sortie du sein des ondes, s'écriait-il, rentre dans les flots et engloutis-moi ! Quelquefois s'agenouillant et tendant des bras supplians vers le point du monde qu'il me savait habiter, il disait en sanglottant : O Européens ! ô mortels si avides des trésors que recèle mon territoire; venez, enchaînez-moi ! prenez tous ces biens précieux, et rendez-moi mon fils !

»Pendant que la douleur égarait sa raison,
deux vaisseaux turcs avaient touché à Ternate, et le père d'Inamaï, quoique vaincu,
s'était fait tellement estimer des vainqueurs
par sa vigoureuse défense, qu'ils lui laissaient
son trône, à la seule condition qu'il embras-
sât la religion musulmane. Cette poignée d'enfans de Mahomet avait de bonnes raisons pour
en user avec cette modération; ils savaient
bien que leur prétendue conquête d'une île
au pouvoir de la Hollande, et en présence
même des Hollandais et des Portugais, sans
que ceux-ci se fussent même opposés aux prétentions des sujets de la Sublime-Porte, n'était
qu'un jeu dont les cours respectives ne pour-
raient que sourire. Tel est le sort des rois de
l'Inde, d'être sans cesse le jouet des artificieux
Européens. Le roi de Ternate se fit de bonne foi
Mahométan; mais la beauté d'Inamaï pouvait-
elle manquer d'être remarquée des vainqueurs! Ils s'emparèrent de la princesse, et
dirent au roi que, pour donner une preuve de
sa soumission au Grand-Seigneur, il devait lui
faire hommage de sa fille, qui certainement serait un des plus beaux ornemens du sérail.
Mon père, qui à la nouvelle de cette irruption

avait rassemblé des troupes à la hâte, et même
dans son impatience les avait précédées, arriva en ce moment, suivi d'un petit nombre
de ses braves. Inamaï partageait avec moi
toute sa tendresse. Il entend son faible allié
consentir lâchement à l'infâme proposition.
Arrêtez! s'écrie-t-il; Inamaï est aussi ma fille;
c'est à moi qu'il faut la ravir : un prince désho-
noré est indigne d'être son père. Disant ainsi,
il charge les Musulmans; sa faible troupe se
montre digne de son chef intrépide : mais que
pouvaient-ils contre le nombre, et surtout
contre des armes bien plus sûres que les leurs?
L'invincible roi de Timor restait seul au milieu des cadavres de ses guerriers; là, fièrement encore il bravait le trépas, et vingt bras
prêts à le lui porter semblaient retenus par un
sentiment de respect et d'admiration. Inamaï
éperdue s'était précipitée entre les ennemis et
mon père, et presque mourante, tenait ses
genoux étroitement embrassés. Voyant qu'il
n'a plus d'espoir, le roi de Timor prend soudain
un parti dont l'idée seule fait frémir, et qui
pourtant était le seul digne de son courage.
O Dieu! pourrai-je le retracer! Non, dit mon
père, ô mon Inamaï! la princesse qui fut des-

tinée par moi à porter la triple couronne de Timor, de Solor et de Ternate, ne passera point au nombre des courtisanes d'un Musulman : mourons dignes de nous. A ces mots, il enfonce un poignard dans le sein d'Inamaï, et le retirant aussitôt, le plonge dans son propre cœur!.... »

Balthasar eut peine à achever ce terrible tableau. Il s'arrêta quelques minutes, ne pouvant presque plus respirer, et j'étais moi-même saisi d'épouvante et d'horreur. «Ainsi, reprit-il, le même instant m'avait ravi les seuls êtres dont le souvenir m'attachait à la vie. J'avais perdu mon amie et mon père ! Et ces maux, plus affreux encore que les premiers, pouvaient être regardés comme une suite du crime d'un scélérat qui échappait à toutes les recherches que j'avais suscitées contre lui ! Mais les cieux indignés avaient pris sur eux de venger à la fois tant de victimes.

Le roi de Timor et Inamaï ayant expiré à l'instant, Tinni avait été entraînée par les Musulmans. Ce n'étaient que des corsaires algériens. Comme ils touchaient presque au continent d'Afrique, un vaisseau portugais, qui se rendait à Rio-Janeiro et qu'ils attaquè-

rent, les coula à fond. Tinni se sauva à la
nage, et fut reçue par les gens de l'équipage. Il
n'était question parmi eux que de la perfidie infâme du père Ignace envers le roi de Timor,
trait de scélératesse qui l'avait mis en exécration dans sa patrie; mais ce qui excita surtout
l'attention de Tinni, c'est la trahison bien méri-
tée, dont il était en ce moment même la victime, de la part d'un pirate malais. Celui-ci,
au vaisseau duquel il avait confié ses trésors,
avait voulu, tout en se les appropriant, se
faire même une réputation d'honnête homme.
Il avait donc relâché à Ténériffe, où il avait
livré le père Ignace aux Hollandais, en leur ré-
vélant ses forfaits, et les suppliant de le faire
condamner judiciairement au dernier des
supplices. Tinni, à ces mots, ne put s'empêcher d'adorer la justice céleste, et se faisant connaître à l'équipage, elle parla de tous
les événemens qui ajoutaient encore à l'accusation intentée au Dominicain. Un bâtiment
français qui revenait de Cayenne et qui passa
dans la nuit, ayant hélé le vaisseau portugais,
tout le monde fut d'avis que Tinni s'y embar-
quât, parce que, s'il relâchait aux Canaries,
elle pourrait joindre son témoignage irrécu-

sable aux dépositions déjà faites. Tinni d'ailleurs ne désirait rien tant que d'aller en France, sachant par le bruit public que j'attendais sans cesse des nouvelles de ma patrie. Elle passa donc sur le vaisseau français, où elle raconta tout ce qui lui était connu de ma déplorable aventure et de la fin réservée au Dominicain coupable de tant de crimes. Le vaisseau devait toucher aux îles Canaries; déjà le rocher immense et volcanique, que l'on nomme le pic de Ténériffe, laissait apparaître dans le lointain sa cime escarpée. Tout le monde était sur les ponts, empressé de prendre part aux résultats de l'étrange procédure, quand tout à coup des cris déchirans se font entendre dans les airs et semblent arriver du sommet de la montagne. Tous les regards se tournent vers ce point, dont le navire ne cessait de se rapprocher avec rapidité : des lunettes sont braquées, et l'on distingue un misérable suspendu tout nu au faîte même du pic, nouveau Prométhée dont les oiseaux de proie s'acharnaient à ronger les entrailles : c'était le père Ignace, que la conviction d'une autre perfidie envers les Hollandais eux-mêmes avait fait condamner à ce supplice inoui. Ce spectacle épouvantable, les cris perçans qui se faisaient de plus en plus entendre avec force, saisirent tout le monde d'une profonde horreur, et déjà la compassion succédait à la haine que le moine avait inspirée. Le ciel daigna mettre enfin un terme à ses souffrances; mais sa miséricorde même voulut attester son courroux, et se signala de manière à intimider à jamais les traîtres. Soudain les feux souterrains de la montagne se sont embrasés : un murmure sourd et caverneux semble le bruit lointain de la foudre; une horrible détonnation lui succède : le coupable est englouti, et du cratère en feu jaillissent au loin ses membres épars *.

» Tels furent les détails que Tinni me com-

---

* Quelques-uns ont révoqué en doute cette fin terrible du P. Ignace. Ils ont prétendu que jamais on n'avait eu de ses nouvelles depuis sa disparition ; que d'ailleurs il était absolument invraisemblable que l'on eût entendu les cris d'un homme attaché au sommet du Pic de Ténériffe, et qu'un peuple civilisé n'eût pas condamné le coupable à un supplice si cruel et si étrange. Ils ont été jusqu'à dire que Tinni, et même Inamaï, n'étaient que des êtres imaginaires; selon eux, Balthasar, lorsqu'il quitta son île, était à peine âgé de cinq ans.... Toutes ces assertions me mettraient dans une cruelle perplexité, si je ne tenais pas mes détails du Prince Noir lui-même, qui devait être sûr de la réalité des faits.

muniqua. La suite de son récit parvint à ranimer en quelque sorte mon cœur abattu. Mon frère avait pris les rênes de l'état sous l'autorité d'un régent; mais tous les Timoréens me redemandaient, et mon frère lui-même, prince juste et vraiment généreux, avait déclaré que le jour où je rentrerais à Timor, il me laisserait aussitôt en possession de tous mes droits. Tinni était au service d'un riche négociant, homme humain et rempli de bienveillance pour les malheureux. Elle me présenta à son maître, qui prit la plus grande part à mes peines, me promit de me remmener lui-même dans ma patrie, et en attendant me fit une pension de douze cents livres, qui me fut toujours exactement payée. Je jouis alors d'une sorte d'aisance et de quelque considération; mais cet heureux sort fut de peu de durée. Deux ans après survinrent les orages de la révolution française. Mon bienfaiteur fut enveloppé dans ces troubles et y perdit la vie, ainsi que la sensible Tinni qui ne voulut jamais abandonner son maître. Sans ressources alors, sans appui et sans aucun espoir de trouver encore de généreux protecteurs, je retombai dans l'affreuse misère à laquelle vous me voyez réduit, et d'où je prie tous les jours le ciel de me retirer, en mettant un terme à ma déplorable existence.» -

Balthasar se leva en prononçant ces mots qui terminaient son récit. Quant à moi, j'étais encore attéré de la fin terrible du père Ignace. « Prince, dis-je enfin en rappelant mes esprits, que ne puis-je vous prouver combien mon cœur voudrait soulager vos peines ! Comme vous, à la vérité, je suis né dans une île fameuse, et cette île est l'antique cité des Parisiens ; mais le sol de mon pays natal, hélas ! ne recèle point de mines d'or, et d'ailleurs je ne suis pas le fils d'un roi ; partagez avec moi le peu de pièces blanches que je possède, et croyez qu'elles vous sont offertes d'un cœur vivement touché de vos malheurs ». Le prince accepta, enchanté de mon extrême franchise, et nous nous quittâmes. Depuis ce jour, il revint deux ou trois fois me voir ; mais rien ne pouvait plus charmer ses jours accablés de misère et de douleur. Un an après, l'héritier des trois royaumes de Timor, Solor et Ternate, mourut à l'Hôtel-Dieu de Paris.

FIN DE LA SECONDE PARTIE.

PERSONNAGES CÉLÈBRES

DANS LES

RUES DE PARIS.

~~~~~~~~~~~~~~~~~~~~~~~~~~~~~~~~~~~~~~

TROISIÈME PARTIE.

PERSONNAGES D'IMAGINATION.

> Viens, ô ma déité!
> Viens, telle qu'on t'admire en ta variété....

Puis-je mieux faire que de m'adresser à l'Imagination elle-même! Je vais parler de ce sublime effort de l'esprit humain qui créa le fameux Polichinelle, ce terrible fier à bras, qui, sous les yeux de son compère, assomme tous ses ennemis et triomphe même du Diable. Je vais citer la féconde et véné-
~~~~~~~~~~~~~~~~~~~~~~~~~~~~~~~~~~~~~~

rable dame GIGOGNE; le bonhomme CAS-
SANDRE, personnage d'une très-haute antiquité; puis la douce COLOMBINE, le tendre ARLEQUIN, et GILLES ou PIERROT ou
PAILLASSE, son imbécille rival. Viendront
aussi JANOT, et JEAN-BÊTE, et CADET-
ROUSSEL, et JOCRISSE. J'y joindrais bien encore, si je ne craignais d'outre-passer les
bornes de ma juridiction, MATAMORE le capitan, BRIGUELLE, TRIVELIN, VIOLETTE,
MARINETTE, SCARAMOUCHE, et MEZETIN, et
SCAPIN, et PASQUIN, et CRISPIN, et PAN-
TALON..... Mais, j'y songe : ces Personnages
ne se montrent pas seulement sur nos théâtres ; tous les ans au carnaval on les voit
courir les rues. En costume sur mon territoire ! Sommés de comparaître.... Ces messieurs et ces dames vont donc subir un examen : toutefois, comme ils sont étrangers,
ils ont droit aux honneurs, et n'en déplaise à
Polichinelle qui se pavane en tête de la ligne,
il restera pour le dernier, car je vais faire
ma revue en rétrogradant.

PANTALON.

PERSONNAGE de la Comédie Italienne. L'inventeur de ce caractère s'est si bien caché, que je n'ai pu le découvrir. Je ne parlerai donc que de son enfant d'imagination. PANTALON est un homme à guignons. Seigneur vénitien, plein d'honneur, très-délicat sur sa parole, bon époux, bon père, bon maître, mais voulant que chacun autour de lui s'acquittât ponctuellement de ses devoirs, il s'est vu trahi par ses amis, volé par ses débiteurs, trompé par sa femme, dupé par ses enfans et joué par ses domestiques. Que fait *il signor Pantalone* ? A peu près ruiné, et forcé de se réduire à un train plus modeste, il s'annonce pour un simple bourgeois : sa femme est morte; il prend pour maîtresse une petite ingénue d'une douceur admirable, et bien différente en cela de la défunte, qu'elle doit remplacer en qualité de légitime épouse; il ne conserve auprès de lui qu'un de ses fils, jeune homme d'une sagesse exemplaire, véritable Caton. Son domestique se borne à un valet et une servante, l'un et l'autre d'une innocence et d'une stupidité à faire plaisir. Dans cet état, au moins, il jouit d'une douce sécurité : mais voilà qu'un matin, la maîtresse, le fils, le valet et la servante, ont ensemble disparu. Tel est toujours le seigneur Pantalon : peut-on être né sous une étoile plus malheureuse ? Passons à un autre ; ces gens-là font peine à voir. Il a toujours été représenté sous le masque.

Il y eut en 1731, un Pantalon fameux, enterré à St.-Eustache, sa paroisse : c'était le seigneur Alborghetti. Sa veuve passa en secondes noces entre les bras du Boniface de la troupe, qui ne l'épousait pas en jeune étourdi, car sept ans après, il mourut presque nonogénaire. Alborghetti fut remplacé par Carlo Véronèse, qui fut père des jolies actrices Coraline, Camille et Marine, et d'un fils qui lui succéda. Vint ensuite il signor Colalto. Vint ensuite..... Mais j'ai dit que je passais à d'autres Personnages. J'ai beau faire, celui-ci me glace les sens.

CRISPIN.

L'HISTOIRE de ce Personnage présente une anecdote fort piquante. C'est un valet dont le

caractère original fut inventé, en 1650, par
Raimond POISSON, de la Comédie Française,
autrement dit POISSON l'ancien, pour le distinguer de son petit-fils François-Arnould,
qui, au même théâtre, en 1722, éleva le rôle
des Crispins au plus haut degré de gloire et
de perfection. Le père de celui-ci, Paul Poisson, lui-même excellent Crispin, mais mauvais
physionomiste apparemment et trop peu habile à pressentir les hautes destinées de son
fils, avait voulu l'éloigner du théâtre, dans
la crainte qu'il ne compromît le nom illustre
de ses aïeux, et il lui fit même obtenir une
compagnie d'infanterie. Mais François-Arnould, cédant aux inspirations de son génie,
quitte un beau jour l'état militaire, et se rend
secrètement à Paris pour y débuter sur le
théâtre. Instruit à temps de ce projet audacieux, Paul POISSON fait venir son fils, s'en-
ferme avec lui, et lui montrant ses cheveux
blancs et le buste de son ancêtre, le conjure
en larmes de renoncer à une folle témérité,
qui sans doute va les couvrir tous de honte
et d'ignominie. Inébranlable à ce tableau touchant, François-Arnould prie son père de
suspendre ses alarmes, et de vouloir juger un

instant par lui-même des dispositions qu'il apporte à une si haute entreprise. Paul y consent. François-Arnould revêt aussitôt le costume, prend l'attitude.... A peine il s'est placé, a exécuté quelques pirouettes, et s'est fait entendre en bredouillant, qu'un trait de lumière semble avoir brillé aux yeux de son père : Paul a reconnu son sang, et plein de l'esprit prophétique, il s'écrie que la gloire des Crispins va reposer enfin sur une base qui ne périra qu'avec les siècles. L'édifice s'éleva donc en dépit de tous les obstacles....... *Tantœ molis erat !*......

J'ai dit que François-Arnould s'était fait entendre *en bredouillant ;* c'est le mot propre : un Crispin doit bredouiller, comme il doit porter des bottines. L'un et l'autre s'exécutent en mémoire de l'inventeur, qui parlait bref, et imagina de jouer botté, parce qu'il manquait de gras de jambes. Ces deux points, qui dans l'origine furent dus aux circonstances et attesteront à jamais les ressources du génie, sont devenus par succession des conditions essentielles. Il serait même à désirer que tout homme qui veut jouer ce personnage, s'agrandît la bouche, parce que le premier

Crispin l'avait d'une grandeur plus qu'ordinaire, comme l'atteste ce vers d'une petite comédie où lui-même il disait :

Je vous réponds, monsieur, d'une bouche aussi grande.....

Du reste, un Crispin, pour ressembler parfaitement à son modèle, doit être bien facé et d'une belle taille. Quant au costume, à l'examiner dans *la Galerie historique des Acteurs du Théâtre-Français,* par M. LEMAZURIER, il ne faut pas en faire entièrement honneur à l'imagination de Raymond Poisson. « Nous croyons, dit l'historien moderne, qu'il en conçut l'idée en voyant, dans les provinces méridionales de la France, des déserteurs espagnols dans le costume national ; las d'un service pénible, après avoir fait long-temps une vie de Miquelet, ils se mettaient, pour subsister, au service des personnes riches qui voulaient avoir des hommes de main pour domestiques. Nous ne donnons cette opinion que comme une conjecture : cependant elle semble assez bien appuyée par le caractère uniforme de la plupart des *Crispins,* qui se vantent ordinairement d'avoir vu le feu et payé de leur personne. Le costume affecté à ce rôle vient à l'appui de notre idée : le chapeau rond, la fraise, le justaucorps noir, à basques courtes, la ceinture de cuir jaune avec une grande boucle de cuivre, et le manteau noir, sont évidemment de l'ancien costume espagnol; les moustaches, l'épée et les bottines ou guêtres, tiennent à l'équipement d'un soldat de cette nation. On n'eût point costumé de la sorte un valet ordinaire, et toutes ces considérations réunies, nous portent à regarder cette conjecture comme très-vraisemblable ». Sur ce point, j'accorderai tout ce qu'on voudra. Je me borne à répéter qu'il est essentiel de *bredouiller*, parce qu'ici le bredouillement remplace la *nasillardise*, dont j'ai prouvé ailleurs l'importance historique.

PASQUIN, SCAPIN.

DEUX fourbes s'il en fut; intrigans, faisant les beaux esprits, les beaux parleurs, se donnant pour hommes de bon conseil, et presque toujours pris dans les filets qu'ils voulaient tendre ou faire éviter aux autres. C'est ici l'occasion de parler d'un Personnage extrêmement célèbre dans les rues de Rome, sous le nom de PASQUIN, et qui ne cesse, depuis des siècles, d'y causer d'une manière très-caustique, bien qu'il ne soit en effet qu'une statue de marbre sans nez, sans bras et sans jambes, placée près du palais des Ursins. Ce Pasquin immobile, auquel les plaisans viennent attacher de nuit leurs billets satiriques, est le censeur impitoyable de toutes les actions des grands, et n'épargnait pas les papes eux-mêmes. Il adresse ordinairement ses *Pasquinades* à une autre statue nommée Marphorio, dont les réponses sont toujours d'une énergie digne de la demande. Plusieurs papes furent tentés de couper court à toutes ces railleries, souvent très-licencieuses. « Adrien VI, entr'autres, disent les historiens, indigné de se voir si souvent attaqué par les satires qui couraient sous le nom de Pasquin, résolut de faire enlever la statue pour la faire précipiter dans le Tibre, ou pour la réduire en cendres ; mais un de ses courtisans l'en détourna. Il lui représenta que si l'on noyait Pasquin, il se ferait entendre plus haut que les grenouilles

II.						12

du fond de leurs marais, et que si l'on le brû-
lait, les poètes, nation naturellement portée
à médire, s'assembleraient tous les ans dans
le lieu du supplice de leur patron, pour y
célébrer ses obsèques, en déchirant la mémoire de celui qui lui aurait fait son procès.
Pasquin resta donc en possession du droit
dangereux de déchirer les vivans et les
morts ».

Entr'autres pasquinades, je citerai les deux
suivantes. Lorsque Urbain VIII fut élu pape
par les intrigues de la France, Pasquin,
qui alors, à ce qu'il paraît, n'était pas encore
privé de ses deux bras, parut le lendemain
avec un perroquet sur le poing : cet oiseau
s'appelle en italien *papagallo* ; il est facile de
sentir l'allusion. Le second trait fut décoché
contre un ambassadeur espagnol, qui avait
souvent eu recours à la bourse d'autrui pour
fournir à ses magnificences. Le roi, son maître, s'étant marié, ce seigneur s'empressa de
déployer une nouvelle pompe pour célébrer
cet heureux événement. Le lendemain, Pasquin montra ces mots : *Il signore ambagia-
tore a fatto tutto quell' che deve, e* deve
tutto quell' che a fatto ; ce qui veut dire en

notre langue : *M. l'ambassadeur a fait tout ce qu'il doit, et* doit *tout ce qu'il a fait.*

Cette statue, qui est celle d'un ancien gladiateur, se trouvait près de la maison d'un savetier nommé Pasquin, homme très-satirique, et qui, s'entretenant avec un de ses voisins appelé Marphorio, se divertissait aux dépens du public. Elle hérita du nom et de l'esprit caustique du personnage : je ne prétends pas que son origine ait rien de commun avec celle du Pasquin de la comédie, mais celui-ci pourrait bien à son tour lui devoir son nom et son caractère. Le génie de Pasquin est naturellement porté à la satire, comme celui de Scapin, son illustre compagnon. Heureusement, sur la scène comique, tout se termine à l'amiable, ou les punitions y durent peu ; mais il arriva au Personnage suivant d'avoir joué un rôle qui paraîtra bien singulier, si l'on juge la pièce d'après les règles prescrites par Aristote.

———

MEZETIN.

Le caractère de Mezetin fut imaginé par Angelo Constantini, acteur de l'ancien

Théâtre Italien, et né à Vérone. Ce caractère rendit tellement fameux son inventeur, que celui-ci ne prenait plus que le nom du personnage qu'il avait créé. Les trompettes de la renommée ayant publié dans toute l'Europe la gloire de l'illustre Mezetin, le roi de Pologne résolut de s'attacher un si grand homme. Il l'appela auprès de sa personne, lui accorda le titre de noble, le fit son camérier intime, trésorier de ses menus plaisirs et garde des bijoux de sa chambre.... Tout le monde sait l'histoire de ce savetier, qui, trouvé ivre et endormi dans une rue, fut transporté en cet état dans un magnifique palais, où, à son réveil il se vit salué comme l'unique et légitime propriétaire de tous les biens qui l'entouraient : ce malheureux pensa qu'il achevait un songe ; Mezetin aurait pu en croire autant, si un artiste cessait jamais de tout rapporter aux prestiges de ses talens. Mezetin s'imagina qu'il se trouvait en scène, et que ses titres de noble et de favori n'étaient que des titres de théâtre. Sur ces entrefaites, il voit paraître une jeune et jolie personne, qu'il prend pour Violette ou Marinette, et pour laquelle il se sent embrasé d'amour. Il lui fait

une déclaration fort tendre, et comme elle se
dit la maîtresse du roi Auguste, il se met à
lui débiter quelques lazzis sur la personne de
Sa Majesté. Mezetin ne se doutait point que
l'on fût aux écoutes; s'apercevant qu'il a été
entendu, il ne s'en épouvante pas : l'usage
de la scène veut qu'en pareil cas, il en soit
quitte pour quelques coups de bâton; mais,
à son grand étonnement, l'affaire devint plus
sérieuse : le héros, après s'être vu sur le point
d'être condamné à la peine capitale, dénouement qui paraissait bien étrange à un personnage comique, fut chargé de chaînes, et jeté
dans un cachot où l'auteur de la pièce le fit
rester vingt ans, Cet auteur ignorait certainement toutes les règles théâtrales.

Dans les autres pièces, Mezetin obtint
toujours un très-grand succès, et jouit de tous
les suffrages. On l'avait cru mort à Paris, où il
reparut enfin en 1729, à la suite de sa singulière aventure. On courut en foule pour le
voir; il était alors âgé de soixante-quinze ans.
Mezetin a composé plusieurs pièces de théâtre, et nous lui devons la Vie de Scaramouche, dont le nom seul est également imagi-

naire. Voici comment il dédia son ouvrage à Son Altesse Royale MADAME.

PRINCESSE, en qui l'on voit reluire
Mille royales qualitez !
De grâce, un moment écoutez,
Et vous préparez à bien rire.

Vous saurez donc que MEZETIN,
Plus habile homme pour la chasse
Que pour le grec et le latin,
A grimpé sur le mont Parnasse.

Oui, MADAME, j'y suis monté ;
Ce n'est point une comédie :
Ce livre que je vous dédie
Confirme cette vérité.

Surprenante métamorphose !
De chasseur, de comédien
Aussi savant en vers qu'en prose,
Crac ! je me vois historien.

Dieu sait combien de satiriques
Vont percer mon livre de traits !
Mais je me ris de leurs critiques,
S'il a pour vous quelques attraits.

En faveur de mon Scaramouche,
PRINCESSE, donnez votre voix ;
Et vous clôrez bientôt la bouche
Aux censeurs les plus discourtois.

Pour des choux, le grand Alexandre
Donnait autrefois des Etats,

Dont il faisoit très-peu de cas,
Tant il en avoit à revendre.

Si vous m'accordez aujourd'huy,
Pour reconnoître mon offrande,
La grâce que je vous demande,
Vous ferez encor plus que luy.

SCARAMOUCHE.

MEZETIN fait de ce personnage un fripon fieffé, et ce qu'il y a de remarquable, c'est que tous les tours de Scaramouche, qui la plupart sont vraiment pendables, furent selon lui exécutés par l'auteur même du caractère. Cette histoire est fort plaisante, si elle n'est pas fort morale ; je vais la raconter de mon mieux. C'est un petit supplément à celle des Arpalin et des Filemon ; la seule différence, et qui est fort essentielle, c'est qu'ici le héros fit une meilleure fin.

Le premier Scaramouche se nommait Tiberio FIORELLI. Il naquit à Naples en 1608. Son père, qui était gentilhomme et capitaine de chevaux, s'étant avisé dans une contestation de tuer le frère d'un évêque, n'eut que le temps de fuir en pays étranger, et se vit

contraint de se mettre marchand d'orviétan.
Il avait deux fils qu'il avait emmenés; Scaramouche, le plus jeune, et qui était même
encore à la mamelle, annonçait qu'il serait
un mangeur insatiable, car il épuisait chaque
jour le sein de deux nourrices, et en effet
on le verra toute sa vie un terrible gastronome. Il ne grandit pas sans que cette dispo-
sition se manifestât de plus en plus ; la chose
en vint au point, qu'il dérobait à son père des
boîtes de mithridate, qu'il vendait en secret
pour se procurer un supplément à son régime
habituel. Son père s'en étant aperçu, craignit
qu'un tel glouton ne le ruinât, et finit par le
chasser à coups de bâton. Scaramouche avait
alors dix-huit ans.

C'est ici que notre Personnage va commencer à donner carrière à son génie inventif.
Parcourant tour à tour les diverses villes d'I-
talie, partout il se signalera par de nouveaux
exploits. C'est à Rome qu'il débuta. Son premier expédient pour se procurer des moyens
d'existence, n'est qu'une ruse assez inno-
cente. Il s'établit à la porte d'un marchand de
tabac ; là, demandant une prise à tous ceux
qui sortaient, il enfonçait les quatre doigts

et le pouce dans la tabatière, et déposait aussitôt son butin dans une boîte cachée sous son manteau. Quand il s'était procuré ainsi une petite provision, il la mélangeait amplement de divers ingrédiens, et revenait vendre le tout au même marchand, qui admirant cette excellente composition la nommait, dit le très-véridique historien, du *tabac de mille fleurs*. Ce petit trafic pouvait durer long-temps, sans la brutalité d'un Suisse du pape, qui se tint pour offensé que Scaramouche osât demander à prendre une prise dans sa tabatière, et le fit éloigner à grands coups de hallebarde.

Notre héros dévora cet affront, et passa à Civita-Vecchia, où il se vengea aussitôt sur deux esclaves turcs des galères du pape, en leur dérobant une somme d'argent qu'ils s'amusaient à compter sur le port. Déchirant un pan de sa chemise, il eut l'adresse de le substituer au linge dans lequel ils déposaient leurs espèces; il les fit ensuite arrêter comme voleurs, et la pièce de conviction parut si frappante, qu'ils furent encore sévèrement châtiés. Ceci était un véritable trait de génie. Malheureusement, il fut peu profitable à notre

voyageur : Scaramouche s'habilla magnifiquement, prit un valet, fit bombance ; mais après
la bombance, il s'endormit ; pendant le sommeil, le valet prit les écus, le dépouilla même
de ses riches habits, et le laissa aussi nu qu'il
était venu au monde.

Scaramouche fit alors l'état de mendiant,
se donnant pour un pauvre esclave racheté
des mains des Turcs ; stratagème qui pensa
lui être funeste à Ancône, où un capitaine de
galères prétendit le reconnaître pour un forçat échappé, et lui fit provisoirement donner
la bastonnade. Cette erreur provenait du nouveau costume de notre voyageur. Son hôte,
ayant eu pitié de lui à son réveil, l'avait revêtu d'une souquenille d'esclave, et par reconnaissance le pèlerin avait emporté la cré-
maillère, qui, ressemblant un peu à une
chaîne de galérien, servait d'attestation à tout
ce qu'il débitait aux passans. Le capitaine reconnut son tort en retrouvant son forçat.

C'est en sortant de cet extrême danger, que
Scaramouche imagina de se faire comédien.
Il ne pouvait prendre un meilleur parti ; il
était fort bel homme, doué d'une imagination vive, et excellent grimacier. Il alla donc

trouver une troupe, à laquelle il se présenta pour un acteur consommé, et demanda à débuter dans le *Festin de Pierre* « qu'il esti- » mait sur toutes les autres comédies, dit » Mezetin, à cause du repas qu'on y fait. Il » obtint un succès extraordinaire, et ayant » parfaitement réussi dans le cours de la » pièce, il fit encore si bien son devoir au » repas, qu'il pensa *crever* au milieu des » applaudissemens. Le public, continue Me- » zetin, fut si charmé de cette première » représentation, qu'il en demanda une se- » conde avec empressement. Scaramouche » y consentit volontiers; et au lieu des œufs » durs dont il se remplit la première fois, il » mangea un gros poulet d'Inde, deux per- » dreaux et une tourte de pigeonneaux ».

La célébrité de Scaramouche lui attira les bonnes grâces du jeune duc de Mantoue, dont, par divers stratagèmes assez plaisans, il mit la libéralité à contribution. Il était en bonne fortune, il ne put s'y tenir encore. Il s'en fut à Bologne, où le grand-prévôt l'ayant surpris avec une de ses maîtresses, le fit jeter en prison. Parvenu bientôt à s'évader, Scaramouche, au sortir d'une église, se vengea de ce magistrat, en coupant les boutons d'or qu'il avait à son manteau d'écarlate. Le grand-prévôt, lorsqu'il s'aperçut d'un tour aussi hardi, fit dans sa colère arrêter un grand nombre de coupeurs de bourses, et cependant il ne put découvrir le coupable. Peu satisfait encore, Scaramouche, un jour qu'il savait son ennemi absent, se présente chez lui en garçon tailleur, dit que M. le prévôt a retrouvé ses boutons, qu'il vient de sa part les recoudre, et réussit à emporter le manteau.

De là, il s'enfuit à Florence, où il est présenté au grand-duc et se donne pour un musicien du vice-roi de Naples. Invité à se faire entendre, il prélude agréablement sur sa guitare, fait plusieurs grimaces et chante, après avoir imité légèrement le cri de l'animal à longues oreilles :

> L'âne que tourmente l'amour,
> Brait et fait rage tout le jour.
> Tel un virtuose qu'inspire
> Un ventre qui long-temps jeûna,
> Contant son douloureux martyre....
> Pour refrain d'amour il s'en va :
> Ut re mi fa sol la. (*Il brait.*)

Qu'Aliboron paisse en nos champs ;
Entendez-vous ses cris perçans
Au seul aspect de sa femelle ?
Dans le chant aigu qu'il fait là,
Il semble un maître de chapelle
Qui bat la mesure et s'en va :
 Ut re mi fa sol la. (*Il brait.*)

Scaramouche y joignit un troisième couplet, et je renvoie pour le tout à l'original que je place en note *, n'ayant déjà pu moi-

---

* CANZONETTA

L'asinello innamorato
Canta, e raggia à tutte l'hore.
Pare un musico affamato
Quando narra il suo dolore,
E cantando d'amor va
 Ut re mi fa sol la. (*Il brait.*)

Quando vede l'asinella,
Canta, all'hor con voce acuta ;
Pare un maestro di capella,
Quando batte la battuta :
E cantando d'amor va
 Ut re mi fa sol la. (*Il brait.*)

Se tal' hor è nella stalla,
Mai fatica non lo doma,
Sempre salta e sempre balla
Quando porta anco la soma,
Et cantando d'amor va
 Ut re mi fa sol la. (*Il brait.*)

même offrir qu'une faible imitation. Sans
doute la manière de chanter ces paroles ita-
liennes ajoute encore à leur vrai mérite ; car
le grand-duc ne put les entendre sans rire à
s'en tenir les côtés, et voulut que Scaramouche lui donnât encore quelque chose d'aussi
réjouissant. Le musicien du vice-roi de Naples ne se fit pas prier, et chanta aussitôt la
chanson suivante * :

> Amour, Dieu d'amour, qu'as-tu fait,
> De rendre amoureux mon Minet !
> Non, je ne veux plus qu'il soupire,
> Je le soustrais à ton empire,
> Et Minet que tu rendais fou,
> Pour Minette ne va plus dire
>   Miaou. (*Il miaule.*)

---

* CANZONNETTA.

> Amor, che cosa ai fatto,
> A far innamorar il mio bel gatto !
>   Affè lo vo castrare,
> Acciò lasci e non torni più ad amare ;
> Cossi sarà di te disciolto e schiao
> Ne per gatta farà più gnao gnao. (*Il miaule.*)

> Sopra il ciel delle mura,
> Piange il misero, piange sua sentura,
>   E con signaolati accenti

Dans la gouttière confiné,
Comme il gémit, l'infortuné !
Tout redit son cri lamentable...
Vers la lucarne, inconsolable,
C'est pour son bien que le grigou
Répète d'un ton misérable :
    Miaou. (*Il miaule.*)

Cette fois le duc fut si enthousiasmé, qu'il accourut embrasser Scaramouche, lui fit compter cent pistoles, et l'assura de sa protection. Celui-ci passa ensuite à Livourne, faisant la route aux dépens de deux Juifs auxquels il persuada que ses parens l'avaient forcé de se dire chrétien, mais qu'il était au fond un des plus fidèles sectateurs de la loi d'Israël, et qu'à la prochaine synagogue il professerait hautement sa croyance. Ces bons Hébreux, à leur arrivée, l'hébergèrent, à condition pourtant qu'il leur paierait tant par jour. Notre néophyte accepta encore, et finit par aller trouver l'inquisiteur, qui sur sa déposition, que ces hommes maudits de Dieu vou-

---

Fa, che s'oda d'intorno i suoi lamenti,
Solo si lagna e sta fra il tetto e il trao,
Va parlando al suo ben dicendo gnao. (*Il miaule.*)

laient le forcer à changer de religion, les fit venir aussitôt et leur ordonna, sans même les entendre, de laisser partir Scaramouche, de lui rendre tous ses effets, et de lui payer en outre dix pistoles d'Espagne.

Scaramouche alors s'embarqua dans une tartane qui faisait voile pour Naples, et trouva encore aux dépens de qui faire la traversée. Ce fut cette fois aux frais de deux bons religieux; mais il eut d'abord assez de peine à les émouvoir : aussi employa-t-il les plus grandes démonstrations. Il commença par entonner les *Litanies des Saints*, et continua d'une voix extrêmement dévote; il chanta ensuite le *Credo*, le *Salve* et le *De profundis*. Après ces prières, il demeura plus d'une heure à genoux, feignant d'être plongé dans une méditation très-profonde, et au fond très-intrigué, parce que l'heure du dîner approchait sans amener aucun dénouement.

Enfin, un des bons pères vint le faire sortir de ses longues extases, et le loua beaucoup de sa dévotion. Scaramouche respira : comme le religieux lui faisait des questions sur son nom et sur son pays, il en conta tant et tant, se dit si riche et pourtant si décidé à se faire

religieux dès qu'il aurait terminé son humble pèlerinage à Saint-Antoine de Padoue, que, parmi les passagers, ce fut à qui offrirait sa table à ce pieux voyageur ; mais il n'accepta que celle des bons pères, voulant, disait-il, prendre un avant-goût de la pénitence monastique. Il s'assit donc à cette table qui méritait bien en effet la préférence, et attaqua aussitôt tous les mets avec une telle rapidité, qu'en moins de quelques minutes les bons religieux se virent desservis. Un d'eux ayant voulu prendre la parole, il l'interrompit sur-le-champ, pour lui rappeler combien il est sage d'observer le silence. « Scaramouche,
» ajoute l'historien, voyant que les pères ne
» mangeoient plus, se leva de table ayant la
» larme à l'œil, et levant les mains au ciel.
» Les pères, voulant savoir pourquoy il
» pleurait, il leur dit que c'étoit de la joye
» qu'il avoit d'estre tombé en de si bonnes
» mains ; mais le vray motif de ses pleurs
» estoit d'avoir vu desservir un chapon gras
» sur lequel il n'avait osé toucher ».

Satisfait de ses hôtes, Scaramouche ne pensait pas en pouvoir rien désirer de plus, lorsqu'un des pères s'avisa de conter « que le

» pape luy avoit fait présent d'un crucifix
» d'or, qu'il n'estimoit pas tant pour sa valeur
» (quoiqu'il pesât cinquante pistoles) que parce
» qu'il avait la vertu de chasser les démons ».
Aussitôt notre larron de faire des grimaces
doubles, simples et compliquées, de rouler
les yeux, d'écumer de la bouche, et de jouer
enfin avec tant de succès et à tant de reprises le rôle de possédé, qu'étant parvenu à
obtenir que la croix d'or restât quelque temps
en ses mains pour le préserver d'une rechute,
il s'élança tout à coup dans une chaloupe qui
était venue au-devant de la tartane, et disparut avec le bijou de cinquante pistoles.

Scaramouche eut bientôt mangé à Naples
tout ce qu'il avait amassé, et prit encore le
parti de se faire comédien. Son beau physique
et son jeu burlesque ravirent le duc de Sa-
trian, qui fit venir la troupe dans son palais,
et voulut que Scaramouche s'assît à sa table.
Celui-ci répondit à tant d'honneur en esca-
motant deux flambeaux d'argent, et s'en ac-
cusa ensuite d'une manière si bouffonne, que
le duc de Castre voulut à son tour accueillir
chez lui un si grand personnage, et y fit élever un théâtre ; mais ici une rencontre assez

fâcheuse attendait le héros. Le religieux à la croix d'or se trouvait dans les jardins ; il remarqua au travers d'une palissade un acteur occupé à répéter son rôle, et à ses horribles grimaces il jugea que c'était son homme possédé du démon. Il ne se trompait pas ; il cria au voleur : ce contretemps mit fin au spectacle ; car Scaramouche, se voyant saisi par son manteau, imita Joseph chez Putiphar, s'éloigna en toute hâte, rentra chez lui, rassembla ses effets, et courant sur le port, s'embarqua aussitôt sur un vaisseau qui précisément allait mettre à la voile pour Malte.

Cette traversée devait aussi avoir ses peines, mais elle eut avant tout ses plaisirs. Une belle Espagnole, qui était la maîtresse du capitaine, se prit de passion pour Scaramouche ; et après lui avoir lancé tout le jour des œillades pleines de feu, lui fit dire pendant la nuit, par son esclave, que son amant était retenu sur le tillac. La cause de cette absence n'était pas très-favorable à l'amour, car on éprouvait alors une tempête affreuse, et Scaramouche était à moitié mort de peur. Il suivit pourtant l'esclave, et le courage lui revint bientôt à ces douces paroles de sa belle : *Mi coraçon, mis oios, mi alma! vengas, senor Tiberio, vengas !*

Pendant ce temps, l'orage augmentait toujours, et le capitaine, pour alléger son vaisseau, prit le parti de faire jeter beaucoup d'effets à la mer. Scaramouche, qui s'était vu obligé d'abandonner la partie, arriva sur le tillac, et ne trouvant plus sa valise, jura contre l'Espagnole, et avec tant d'indiscrétion, que le capitaine comprenant ce qui s'était passé, s'en prit à notre galant, le roua de coups, et le mit à terre sur une plage déserte où il finit par tomber entre les mains d'une troupe de brigands. Scaramouche était vraiment fait pour éprouver successivement toutes les aventures les plus romanesques. Le voilà maintenant courant les souterrains à lampes sépulcrales et les vieilles maisons peuplées de revenans. Souvent, pour attendrir ses nouveaux maîtres, il essaie de quelques-unes de ses agréables grimaces : rien ne peut séduire ces farouches brigands ; il faut qu'il les suive, qu'il soit le témoin de leurs exploits. Un jour il cédait à sa destinée, il les aidait à détrousser quelques voyageurs : tout à coup des archers paraissent, l'affaire s'engage,

un grand combat est livré, la plupart des bandits mordent la poussière, et Scaramouche
conduit prisonnier à Palerme, se voit sur le
point d'être pendu prévotalement.

Il faut bien qu'il échappe encore, ou l'histoire finirait. Il fut reconnu à temps par des
marchands qui s'étaient trouvés sur le vaisseau battu de la tempête, et qui attestèrent
la cruauté du capitaine envers ce passager.
Libre enfin, Scaramouche remonte sur le
théâtre. Mais ici comme une nouvelle carrière commence, un de mes autres Personnages arrive sur la scène : c'est la charmante, la blonde MARINETTE. Scaramouche
avait fait de sérieuses réflexions. «Un jour, dit
» Mezetin, qu'il estoit à une lieuë ou environ
» de la ville, il aperçut une jeune fille qui
» essuyoit ses cheveux qu'elle venoit de
» laver sur le bord d'un ruisseau, et qui es-
» toient d'une longueur si extraordinaire ,
» que quoyqu'elle fût montée sur une grosse
« pierre ils ne laissaient pas de traîner à terre,
» outre qu'ils estoient de la plus belle couleur
» du monde ». On se doute bien qu'une che-
velure si séduisante accompagnait des traits
enchanteurs, et que voilà Scaramouche amou-

reux. En effet, il s'arrêta saisi d'admiration, et la mère de la jeune personne le voyant si attentif, lui dit aussitôt que s'il était à marier il ne pouvait trouver mieux. Scaramouche opposa bien quelques lazzis à cette brusque proposition ; mais les beaux cheveux étaient un lien dont il ne pouvait se dégager, et en moins de quinze jours l'affaire fut terminée, sans y avoir regardé de trop près.

Scaramouche est véritablement devenu un tout autre homme ; il ne rêve plus qu'épargnes, économie : ce n'est plus un jeune étourdi. On le verra aussi un peu moins fripon. Il ne put cependant quitter Palerme sans s'approprier une chaîne d'or de la valeur de cent louis, qu'il avait trouvée, et se faire donner en outre les vingt pistoles de récompense promises à qui la rapporterait ; ce qu'il exécuta fort habilement, en faisant faire une chaîne absolument semblable, de cuivre doré, qu'il présenta en place de celle que l'on réclamait et qui fut reçue sans aucune méfiance.

Il fut excellent époux, et montra même une patience dont on l'aurait cru peu susceptible. Sa Marinette était minaudière et petite maîtresse ; tout l'incommodait ou lui fai-

sait envie. Comme ils allaient à Rome, où elle
devait débuter dans les rôles de soubrette, il
fallut à tout moment que la voiture s'arrêtât :
ou madame se trouvait mal, ou elle voulait
absolument cueillir une fleur qu'elle aperce-
vait dans la campagne. Arrivée à l'hôtellerie,
ce fut bien pis; la fumée la suffoquait, aucun
mets n'était supportable, le pain même était
toujours trop rassis ou trop tendre. Scaramouche ne savait plus où donner de la tête.
Mezetin, qui tient toutes ces particularités de
bonne source, raconte que Marinette se mettant au lit, s'écria qu'un des plis du drap lui
avait enfoncé une côte. Ce n'est pas tout encore : pendant la moitié de la nuit, elle se
plaignit des puces, quoiqu'on ne fût pas alors
dans la saison qui les produit; elle jura qu'elle
en sentait une qui lui faisait souffrir le mar-
tyre. Scaramouche ennuyé allume une chan-
delle, et, pour détruire ce terrible ennemi,
s'avance très-sérieusement armé d'un mous-
queton; plaisanterie qui épouvanta Marinette et la fit enfin dormir. Une autre fois,
elle s'était couchée avec ses gants, parce
qu'elle voulait conserver à ses mains la douceur de leur peau. Scaramouche se coucha

avec ses bottes et ses éperons, ne répondant autre chose à tous les cris de sa femme, sinon qu'il voulait être tout prêt pour donner la chasse aux puces; elle comprit enfin qu'il fallait ôter ses gants.

Scaramouche ne fut pas plutôt à Rome, que ses grimaces inimitables attirèrent la foule au théâtre, et mirent sa troupe en grande réputation. La beauté de Marinette, sa grâce sur la scène et son excellent débit, contribuèrent aussi à tant de succès. Scaramouche eut beaucoup de complimens à recevoir le jour qu'elle débuta, mais il eut aussi bien des contrariétés à supporter. Sitôt qu'elle eut fini de jouer, plusieurs seigneurs s'empressèrent de venir la féliciter. Tout à coup elle se laissa tomber évanouie : revenue à elle, elle s'emporta contre son mari, et tout le monde crut qu'il l'avait maltraitée; point du tout, c'est que prié par elle avant la pièce de lui placer son busque, il n'avait pas eu l'attention de le faire / chauffer et l'avait appliqué si froid, qu'elle en avait eu une colique affreuse.

Au surplus, si Scaramouche eut quelques désagrémens à essuyer, le mariage lui porta bonheur, car dans ce seul hiver il amassa de quoi acheter une belle terre à Florence. Pour comble de prospérité, Marinette accoucha d'un fils qu'un cardinal daigna tenir sur les fonts de baptême. Le parrain avait oublié de faire un présent au nouveau-né. Scaramouche, jouant quelques jours après chez la reine de Suède et voyant le cardinal, s'écria tout à coup : *Miracolo, miracolo, eminentissimo signore !* Ce miracle, que tout le monde voulut aussitôt connaître, c'était que le filleul avait parlé pour se plaindre de son parrain : « Tiens, lui dit Son Eminence en riant, et lui donnant un diamant qu'Elle avait ôté de son doigt, voilà de quoi le faire taire ». Scaramouche, ne pouvant renoncer tout à fait à ses anciennes habitudes, continuait de s'attirer ainsi de temps en temps des présens par des lazzis, et parfois aussi d'en escamoter. Toujours extrêmement glouton, il se saisit un jour d'un vaste pâté qu'il emporta sur sa tête avec tant d'empressement, que le coffre s'ouvrit par le milieu et emboîta son homme jusqu'aux épaules.

Ce fut alors que le nom de Scaramouche s'étant répandu en France et en Allemagne, il se vit à la fois demandé par l'Empereur et

par le cardinal Mazarin. Scaramouche se décida aussitôt en faveur de Louis XIV. Muni
de l'agrément du prince de Parme, il se met
en route avec la belle Marinette. On pense
bien qu'il ne fit pas un si long trajet avec
elle, sans pester encore plus d'une fois, et il
leur arriva aussi bien des aventures. Je ne
citerai qu'un trait remarquable, c'est que
notre voyageur étant arrivé assez tard dans
une hôtellerie où il ne se trouvait plus de lit
vacant, eut le secret de faire déguerpir deux
marchands couchés dans une chambre où il
se chauffait. Sa conversation avec sa femme
leur fit croire que c'était l'exécuteur de
la haute justice ; ils se levèrent pour s'aller
plaindre à l'hôte de leur avoir donné une pareille société, et le prétendu bourreau prit
aussitôt leur place. Je passe sur toutes les plai-
santes méprises de la belle voyageuse, quand
elle fut arrivée dans un pays où l'on ne parlait plus italien. Ils touchent au terme de leur
voyage. Scaramouche se présente à la cour.

Il y alla en son costume de théâtre, qui dif-
fère peu de celui des Crispin, des Pasquin et
des Scapin ; mais il s'était d'abord recouvert
d'un manteau : ce ne fut qu'en présence du roi

qu'il se montra tout à coup en véritable Scaramouche, tenant en main sa guitare, et accompagné d'un chien et d'un perroquet, qui
dans un petit concert qu'il donna firent chacun leur partie. Les deux virtuoses étaient
placés, l'un sur le manche de la guitare,
l'autre sur un placet; et voici les paroles du
trio qu'ils exécutèrent. Il m'a paru impossible
d'en donner une traduction, parce que les
idées tiennent à un jeu de mots qui disparaîtrait
en toute autre langue.

> Fa la ut fa mi modo nel cantar,
> Re mi si on non aver lingua a quella
> Che sol fa profession di farme star;
> Mi re resto in questo
> La berinto ch'ogni mal discerno
> Che la mi sol fa star in questo inferno.
>
> La mi fa sospirare la notte e il dì,
> Re mirar la non vol el mio dolor
> La fa far ogni canto sol per mi
> Mi mi sol moro ristoro,
> Non son mai per aver in sin ch'io spiro
> Che la sol fa l'amor, io miro miro.

« Ces trois animaux, dit Mezetin, firent si
» bien leur devoir, que le roy prit en affec-
» tion celuy du milieu, qui estoit Scaramou-

» che ». Celui-ci eut peu de temps après le malheur de perdre ses deux compagnons ; mais il ne regretta que le chien, parce que, dit-il, sa servante qui avait le caquet bien affilé lui tiendrait lieu du perroquet. Scaramouche jouit, pendant plus de trente ans qu'il vécut encore, de l'honneur de divertir Louis XIV, qui daigna même un jour lui verser à boire, et lui demander, lorsqu'il eut vidé son verre, de quel pays il croyait ce vin-là. « Sire, répondit Scaramouche, le plaisir que j'ai eu en le buvant, m'a empêché d'y réfléchir ». Sa Majesté lui versa donc un second verre de vin pour connaître son opinion. Scaramouche était dans un jour de bonheur : une réplique assez scabreuse, qu'il fit un instant après au cardinal Mazarin, lui valut un surcroît de traitement. « Tu peux te vanter, lui avait dit le cardinal, que le plus grand monarque du monde t'a versé à boire ». Scaramouche répondit « qu'il ne manquerait pas de le dire à son boulanger ». Louis XIV, entendant cette répartie, ne voulut pas lui avoir fait un honneur sans profit, et eut la bonté de répondre : « Tu lui diras aussi que j'augmente ta pension de cent pistoles ».

Malgré tant de libéralités si facilement accordées, Scaramouche en extorqua beaucoup d'autres encore par des subtilités, et toujours sut se tirer d'affaire par quelques lazzis, souvent même par d'assez fines réparties. Par exemple, ayant osé s'approprier cinquante pistoles que Sa Majesté lui avait fait remettre pour le service de la troupe, et se voyant forcé d'avouer le fait : « Sire, dit-il, je supplie Votre Majesté de n'en rien dire au roi ». Louis XIV rit de la réplique, et fit donner cent pistoles à Scaramouche, moitié pour lui et les cinquante autres pour s'acquitter enfin de sa commission. La reine-mère et tous les seigneurs de la cour furent souvent pris aux mêmes filets et jamais ne s'en fâchèrent. Il obtint un jour de la première, soixante louis et la permission de lever un habit complet chez le marchand de la cour. Comment avait il obtenu cette faveur? En se présentant devant la reine qu'il savait extrêmement sensible aux peines des malheureux, vêtu si légèrement en plein hiver, que sa vue seule faisait frissonner de froid et que lui-même en avait les larmes aux yeux. Un autre jour, voulant faire en Italie un voyage

qui ne lui coûtât rien, il pria chacun des seigneurs de la cour de lui faire cadeau d'une
paire de bottes ; ce qui lui en procura, dit
l'historien, une si grande quantité, qu'il en eut
à revendre assez pour botter un régiment de
cavalerie.

Scaramouche devint très-riche, et en même
temps fort avare. Ce n'est plus dans sa vieil-
lesse qu'un misérable Harpagon, espèce de
Cassandre plein de ridicules, d'infirmités,
souvent amoureux encore et toujours dupé.
Marinette étant morte, il se fit baffouer par
la fille d'un boulanger dont il voulait faire sa
maîtresse, et il se trouva blotti et emporté
dans un coffre enfariné, d'où il ne s'échappa
au milieu de la rue, que pour être poursuivi
par les petits enfans qui le prirent pour un
personnage de carnaval. Il ne fut pas plus
heureux en se remariant ; sa seconde femme
le joua tant de fois, qu'il fut obligé de la faire
renfermer, d'abord au Châtelet et ensuite
dans un couvent où elle finit par mourir de
dépit.

Un seul trait prouvera son avarice. Dans
sa dernière maladie, il avait consenti enfin
à se faire donner un remède que le méde-

cin avait ordonné. Il fit donc venir un apothicaire, avec lequel, après de très-longues
contestations, il convint de payer *trente*
sous pour l'injection rafraîchissante et la
peine de l'administrer; mais comme celui-
ci en était à la moitié de son ministère, il le
fait suspendre tout à coup, et se retournant :
« C'est assez, dit-il, j'ai réfléchi que la moitié
me suffirait; vendez le reste à quelque autre,
voilà *quinze* sous ».

Le défaut d'appétit fit juger à Scaramouche que sa fin approchait. Il ne mangea la
veille de sa mort, pour son dîner, que deux
livres de pain en soupe, et une grosse pou-
larde, en buvant sa chopine de vin de Bourgogne. Il manda donc aussitôt son confesseur.
Le lendemain il ne prit qu'un très-ample ver-
micelle. L'illustre Personnage attendit sa dernière heure en jouant aux cartes avec trois
de ses voisins : la sentant arriver, il leur dit
de continuer, se hâta de réciter le *Pater*, et
expira. Il était âgé de quatre-vingt-sept ans,
et laissait à son fils unique, qui s'était fait prêtre, un bien de cent mille écus. Son corps fut
inhumé à Saint-Eustache.

Sa mort fut la nouvelle du jour. Loret,

l'auteur de la *Gazette rimée*, lui brocha aussitôt une épitaphe, dont voici quelques vers ; ce ne sont peut-être pas les plus mauvais de tous ceux que ce poète journaliste fit en courant :

> Alors qu'il vivait parmi nous,
> Il eut le don de plaire à tous,
> Mais bien plus aux grands qu'aux gens minces;
> Et l'on le nommait en tous lieux
> Le prince des facétieux
> Et le facétieux des princes.

> Au lieu de quantité de fleurs,
> Sur sa tombe versons des pleurs :
> Pour moi, tout de bon j'en soupire,
> J'en fais tout franchement l'aveu ;
> Nous pouvons bien pleurer un peu
> Celui qui nous faisait tant rire.

Tel fut, s'il faut en croire Mezetin, le Personnage auquel le théâtre doit le caractère et le costume de Scaramouche. Je ne sais lequel on doit le plus admirer en tout cela, de Tiberio Fiorelli ou de son historien : tous deux au moins peuvent passer pour n'avoir pas manqué d'imagination. Mais j'ai fait ici une séance un peu longue, et je crains bien que ce ne soit aux dépens de plusieurs des Personnages qui vont suivre.

VIOLETTE, MARINETTE; TRIVELIN, BRIGUELLE, MATAMORE LE CAPITAN.

J'AI parlé de Marinette et de ses blonds cheveux, en parlant de son mari Scaramouche ; je renvoie Violette auprès de son mari Arlequin, que tout le monde ne sait pas être un père incestueux lorsqu'il veut s'unir à Colombine. Heureusement, dira-t-on, la famille des Arlequins a tellement pullulé en France, que déjà Colombine pourrait bien ne plus être que l'arrière petite-cousine de son amant.

Trivelin, Briguelle : des fanfarons, des tapageurs. Matamore le capitan, bien plus tapageur encore, parce qu'il est fier de sa haute origine et d'avoir été le *Miles gloriosus* de Plaute. J'y joindrai même, si l'on veut, et Frontin, et Lafleur, et M. Boniface le docteur, et Sganarelle, et Pascariel, tous fripons comme bien d'autres, et auxquels je pourrai revenir s'il m'arrive de rencontrer chemin faisant les auteurs de leurs jours. Pour le moment passons, et arrivons à notre ami Paillasse. Je rentre ici dans mes domaines.

GILLES ou PIERROT ou PAILLASSE.

Le nom originaire est Pierrot. C'est une chose bien étonnante que ce Personnage passe pour un imbécille ; car, si l'on en croit les auteurs, il naquit d'une surabondance d'esprit. Il fut enfanté par le fameux Dominique. Le cerveau de cet Arlequin célèbre ayant un jour fait explosion, Pierrot, comme une autre Pallas, s'en élança, non tout armé puisqu'il ne l'est jamais et qu'il reçoit toujours les coups, mais revêtu de son costume à gros boutons et tout éblouissant par sa blancheur, tel qu'autrefois la belle Vénus s'était tout à coup montrée en sortant des vagues écumeuses. Au surplus, voici comment le Dictionnaire de Léris raconte le fait. « De tout temps, » dit-il, l'Arlequin avait été un ignorant.

» Dominique, qui était un homme de lettres
» et d'esprit, et qui connaissait le génie de
» notre nation qui veut de l'esprit partout,
» s'avisa d'en mettre dans son rôle, et donna
» au caractère d'Arlequin une forme diffé-
» rente de l'ancienne. Cependant, pour con-
» server à la Comédie Italienne le caractère
» d'un valet ignorant et niais, il imagina le
» rôle de Pierrot, et remplaça ainsi l'ancien
» Arlequin ». Il paraîtrait, à ce compte, que
le fils aîné Arlequin, voyant arriver un puî-
né, et ne voulant pas qu'il eût part à la succession d'esprit, suivit la coutume de quelques-unes de nos anciennes provinces en
fait de choses plus matérielles, et entra aussitôt en possession de tout le patrimoine
du père. Au moins, si Pierrot resta tout-à-
fait sans héritage, on ne lui contestera pas
son illustre origine. Il ne pouvait certainement avoir un père plus célèbre : premier
point, qui devrait ce me semble faire jouir
Gilles ou Pierrot ou Paillasse d'un peu plus
de considération dans le monde. En second
lieu, presque tous les Personnages d'imagination, et le riche Arlequin lui-même, ne
se trouvent chez nous que par une sorte d'é-

migration ; la plupart sont nés sous le ciel de l'Italie , et les premiers regards de Pierrot ou Paillasse ou Gilles s'arrêtèrent sur l'horizon même de notre capitale, la France peut s'enorgueillir de l'avoir vu naître en son sein : deuxième considération qui doit nous le rendre encore plus cher, puisque c'est vraiment un compatriote. En troisième lieu enfin, Paillasse ou Gilles ou Pierrot, bien différent de la plupart de ses camarades non moins illustres, qui ne se sont introduits dans les troupes régulières qu'après avoir longtemps erré sans but et sans espoir, naquit sur les planches mêmes au milieu des Comédiens ordinaires du roi, et s'il court aujourd'hui les rues, c'est qu'apparemment il cherche à dénicher quelque portion d'esprit pour remplacer celle dont il fut privé en naissant.

Il est donc bien prouvé que Gilles ou Pierrot ou Paillasse est un cadet de bonne famille, un homme dont on ignorait toute l'importance. Il est un autre avantage qu'il possède au plus haut degré et qu'on ne saurait trop apprécier en lui, c'est un excellent cœur, un zèle infatigable. Ce n'est ni par intérêt, ni par fanfaronnade qu'il se donne trois noms, c'est pour se rendre triplement utile, se multiplier en quelque sorte, et se trouver toujours prêt à nous plaire. Faut-il en effet, pour la forme, qu'Arlequin mystifie un rival ? Gilles arrive, feint un amour extraordinairement vif que l'on accueille quelque temps, et reste capot à la fin de la pièce. Cherchez-vous, au temps des déguisemens, un costume commode et dont le rôle annonce la gaîté ?....

Et saute, et saute, et saute, Pierrot.

Voilà donc Pierrot qui accourt vous présenter son ample pantalon, son large gilet à grandes manches et son chapeau blanc : revêtez-vous des uns, coiffez-vous de l'autre, vous voilà tout lui-même. Quel est maintenant ce personnage jovial, dont les saillies rassemblent cette foule à la porte, et qui finit par exposer avec tant de feu tous les chefs-d'œuvre que l'on fait voir au-dedans ? Ne serait-ce pas encore là notre cadet de bonne famille ? Eh ! mon Dieu oui, c'est Paillasse. Le voilà maintenant affublé d'une toile à matelas, et daignant descendre à un rôle de valet. Voyez comme il enfle ses joues ! comme

il se bat les flancs ! Quel zélé serviteur ! il
sue sang et eau : tour-à-tour il rit, il pleure,
il chante, il crie; tour-à-tour il donne du cor-
de-chasse, il sonne de la trompette, il bat du
tambour; son maître arrive, il se laisse donner des coups de bâton et des paires de souf-
flets : peut-on porter plus loin la complaisance et le désir d'obliger ? Voyez-le encore
rehausser le mérite et l'adresse de nos volti-
geurs, imiter leurs sauts, leurs tours, et vingt
fois s'étaler lourdement tout de son long pour
égayer les spectateurs. Qu'il est bon enfant,
ce pauvre Paillasse ! souvent il en sait plus
long que son maître, et toujours il sacrifie son
amour-propre à l'esprit de son rôle.

Vous dites qu'il n'a pas d'esprit. Vous n'a-
vez-donc pas entendu ses saillies ? Je dis,
moi, qu'il est le digne descendant de tous les
plus illustres Farceurs; que sa mémoire est le
dépôt fidèle où s'est réuni leur génie; qu'il
est, en quelque sorte, le gardien des archives
de la tradition ; que lui seul peut-être reproduit vraiment les mœurs et la langue primi-
tives. Sous tel nom qu'il se présente, ce Personnage est éminemment illustre. Créature
tritogénie, c'est-à-dire *née de la tête :* c'est

un autre Trismégiste, ce qui signifie *trois fois grand*, ou plutôt je voudrais être assez Grec pour former un mot qui exprimât : *cent fois, trois cents fois utile.*

JANOT.

ENCORE un Personnage envers lequel on se montre injuste. J'avoue que tout son accoutrement n'annonce pas un homme fort spirituel, que son parler même semble dénoter une franche buse ; mais il n'en a que la mine. Et cette lanterne qu'il tient continuellement à la main ? Quel est le philosophe de l'antiquité qui en portait pareillement une toute allumée en plein jour ?... Janot est un autre Diogène : *il cherche un homme.*

Je ne connais pas l'origine de ce Personnage ; elle pourrait bien être d'une très-haute antiquité : témoins Sosie et son maître.

De nos jours, le nom de VOLANGE a dû un éclat immortel aux rôles de Janot.

JEAN BÊTE.

Pour celui-ci, je ne soutiendrai pas que ce
soit un homme d'esprit ; mais sa famille est
bien grande, car je me souviens d'avoir vu
représenter une pièce où figuraient ses héri-
tiers, et il me fut impossible de les nombrer.
Encore étaient-ils presque tous fondés de pro-
curations.

La vie de Jean Bête fourmille de traits
d'une bétise admirable. On dit qu'un jour,
gardant son tout jeune frère qui dormait au
berceau, et voyant une mouche se poser sur
le nez de l'enfant, il eut tellement peur qu'elle
ne réveillât le marmot, qu'il s'approcha tout
doucement un marteau à la main, et allait
d'un seul coup montrer comme on tue les
mouches, si sa mère ne fût entrée à temps
pour le dispenser de donner cet exemple. Je
ne citerai pas ici d'autres traits de ce Personnage. Je doute que ce soit un rôle bien carac-
térisé ; on n'a même pas encore déterminé
son costume : peut-être doit-il varier à
l'infini.

JOCRISSE, CADET-ROUSSEL.

JOCRISSE est moins encore un imbécille qu'un homme à guignons. Sa mauvaise étoile ne cesse de le poursuivre, et lui rend surtout la main bien malheureuse : *voyez-le chez ses différens maîtres.* C'est aussi un homme extrêmement fougueux : *voyez son Désespoir.*

Tout ce que je sais de Cadet-Roussel, c'est que

Vraiment,
Cadet Roussel est bon enfant.

Au surplus, il est facile au lecteur de se procurer des renseignemens sur ces deux Personnages. Leurs pères existent : le premier est né de l'imagination de M. Dorvigny; le second, de celle de M. Aude; mais ils doivent comme une nouvelle existence à M. Brunet, qui s'est chargé de leur éducation et les fait briller dans le monde.

Jocrisse et Cadet-Roussel n'appartiennent pas encore à l'histoire : c'est par enthousiasme que je les ai nommés.

ARLEQUIN.

C'est le frère aîné de Pierrot. Le fameux Dominique est regardé comme la tige des Arlequins. Après Dominique, l'illustre famille s'honora du célèbre Thomassin, autrement Thomasso-Antonio Vicentini, de Vicence, qui fut le mari de Violette, et fut remplacé par Carlo Bertinazzi ou Carlin, nom porté de nos jours par des personnages muets qui figurent aussi dans l'histoire.

Dominique se nommait Biancolelli. Il était fort lié avec Pascariel, acteur qui courait les provinces, et dont il épousa la fille. De ce mariage naquit un autre Dominique, qui fut également très-célèbre, et une fille, que pour cause je ne nomme point ici et qui épousa le second Lathorillière, acteur qui soutint la gloire du caractère inventé par Mezetin. Dominique le fils eut aussi beaucoup d'esprit. C'est lui qui, par un stratagème ingénieux, obtint du roi que les Comédiens Italiens parleraient français, en dépit des acteurs de la Comédie Française qui voulaient les en empêcher. Baron ayant déduit devant Sa

Majesté les motifs de son corps, Dominique prêt à répondre dit au roi : « Sire, comment parlerai-je ? — Parle comme tu voudras, répondit le roi. — Il n'en faut pas davantage, reprit Dominique, j'ai gagné ma cause ».

Ce même Dominique illustra, et je crois même avait inventé le personnage de Trivelin : à moins que cet enfant d'imagination n'appartienne encore au premier Dominique, qui, pour le coup, pourrait être regardé comme un grand faiseur.

En voilà bien long sur l'illustre parenté d'Arléquin, mais tout cela ne nous apprend rien sur lui-même ; il ne m'arrive pas souvent de m'occuper de généalogie, et l'on conviendra que c'était surtout en parlant d'Arléquin que je devais avoir cette attention. Ce Personnage est tout à tous : il est riche, il est pauvre ; il est savant, il est ignorant ; il se montre en financier, reparaît en bourgeois, se reproduit en artiste, même en simple ouvrier ; il est poète, il est musicien, il est afficheur ; c'est un véritable Protée : mais tout ce qu'il fait, c'est par amour, c'est pour sa bonne amie, pour toucher monsieur Cassandre, et parvenir à faire évincer Gilles. Il n'est pas beau ; mais il est d'une ingénuité, d'une bonhomie qui fait présager qu'il sera bon mari : aussi, tout noir qu'il est, sa maîtresse le préfère toujours à son rival, dont on connaît cependant la blancheur éclatante, et se promet mille douceurs à voir naître d'elle de petits Arlequins.

J'ai dit que notre Personnage est tout à tous et partout. Comme il ne cesse de continuer ses métamorphoses, on sera peut-être bien aise d'avoir ici le tableau de toutes celles qu'il avait déjà subies jusqu'à nos jours. Les voici, à quelques *centaines* près. Je commence à l'année 1616.

Arlequin Traitant. — Arlequin Vendangeur. — Arlequin Lingère du Palais. — Arlequin Jason. — Arlequin homme à bonnes fortunes. — Arlequin gouré. — Arlequin Grand-Mogol. — Arlequin Fille malgré lui. — Arlequin Esope. — Arlequin Gentilhomme par hasard. — Arlequin Gentilhomme malgré lui. — Arlequin Endymion. — Arlequin en deuil de lui-même. — Arlequin et Mezetin morts par amour. — Arlequin et Pantalon cocus sans femmes. — Arlequin et Pierrot favoris des Dieux. — Arlequin Bellérophon.

— Arlequin camarade du Diable. — Arlequin Chevalier du Soleil. — Arlequin Colombine, ou Colombine Arlequin. — Arlequin Pluton. — Arlequin Prologue. — Arlequin Protée. — Arlequin Ramponneau. — Arlequin Hulla *. — Arlequin Mahomet. — Arlequin Mercure galant. — Arlequin Misantrope. — Arlequin Orphée le cadet. — Arlequin Persée. — Arlequin poli par l'Amour. — Arlequin Prince et Paysan. — Arlequin Reviseur et Médiateur. — Arlequin rival de Bacchus. — Arlequin rival du Docteur. — Arlequin invisible. — Arlequin jouet de la Fortune. — Arlequin Grapignan. — Arlequin Grand Visir. — Arlequin valet de Merlin. — Arlequin toujours Arlequin. — Arlequin Soldat au camp de Porché-Fontaine. — Arlequin Sultane favorite. — Arlequin Tancrède. — Arlequin Thésée. — Arlequin Thétis. — Arlequin Sauvage. — Arlequin roi de Serendib.

* *Arlequin Hulla.* Lorsqu'un Mahométan a répudié sa femme, il ne peut la reprendre qu'un autre homme ne l'ait épousée et ensuite répudiée. Ce second mari s'appelle *hulla.* Il y a deux *Arlequinades* sous ce titre, l'une de Le Sage et Dorneval, l'autre de Dominique et Romagnési.

— Arlequin Romulus. — Arlequin Roland. — Arlequin roi des Ogres. — Arlequin Phaéton. — Arlequin Barbier paralytique. — Arlequin Bouffon de Cour. — Arlequin cocu imaginaire. — Arlequin cru brave. — Arlequin cru fou, Sultan, Mahomet. — Arlequin cru mort. — Arlequin cru Prince. — Arlequin dévaliseur de maison. — Arlequin dupe vengé. — Arlequin et Camille, esclaves en Barbarie. — Arlequin et Scapin, magiciens par hasard. — Arlequin et Scapin, voleurs par amour. — Arlequin faux brave. — Arlequin feint Astrologue, Enfant, Statue et Perroquet. — Arlequin Génie. — Arlequin Globe. — Arlequin Médecin volant. — Arlequin Militaire. — Arlequin Muet par crainte. — Arlequin Valet de deux Maîtres. — Arlequin Voleur, Prévôt et Juge. — Arlequin Grand-Mogol. — Arlequin Comédien aux Champs-Elysées. — Arlequin Courrier. — Arlequin Empereur de la Lune. — Arlequin Dragon de Moscovie. — Arlequin Ecolier ignorant et Scaramouche Pédant scrupuleux. — Arlequin défenseur du beau sexe. — Arlequin défenseur d'Homère. — Arlequin à la guinguette. — Arlequin Amadis. — Arlequin au Sérail. — Arlequin Balourd. — Arlequin Barbet, Pagode et Médecin. — Arlequin Baron Suisse. — Arlequin au Sabbat. — Arlequin au Parnasse. — Arlequin Atys. — Arlequin au Banquet des sept Sages. — Arlequin Arbitre. — Arlequin Astrologue. — Arlequin Amoureux par enchantement. — Arlequin apprenti Philosophe. — Arlequin marchand de Pantins. — Arlequin Deucalion. — Arlequin aux Enfers. — Arlequin marchand de Proverbes. — *De nos jours :* Arlequin Charlatan, Arlequin noir et blanc, Arlequin Peintre, Arlequin Journaliste, Arlequin Jockei, Arlequin Perruquier, Arlequin Sculpteur, Arlequin Sentinelle, etc., etc., etc. Je continuerais ainsi tant qu'on voudrait. J'avoue que cet article ne me donne pas grand' peine.

Je ne sais à quoi attribuer la couleur éthiopienne de ce Personnage. Si j'en crois Mezetin, Arlequin doit être Lombard, comme Pantalon doit être Vénitien, comme le Docteur ou M. Boniface doit être Bolonois, et Scaramouche Napolitain. Mais je puis dire pourquoi l'habit d'Arlequin est fait de trente-six pièces de différentes couleurs, c'est que ce Personnage appartient à la comédie nom-

mée « *Satire allégorique dialoguée*, qui met
» sur la scène, non des individus fictifs, mais
» des individus réels ou des corporations in-
» dividualisées ». Ainsi chacune des losanges
de l'habit figure une corporation ; ce qui ex-
plique enfin cette étrange bigarrure. Je dois
cette solution satisfaisante au second cours
de M. Lemercier ; j'y joindrai l'annotation donnée à ce sujet par M. T. dans le Feuilleton du
Journal de l'Empire (28 janvier 1811) : elle
revient parfaitement à mon sujet. M. T. remarque « qu'anciennement en Italie, ce fut
» aussi l'usage de jouer sur le théâtre, des
» villes, des provinces entières, représen-
» tées par un personnage qui imitait plus ou
» moins le langage, les manières et le costume
» de leurs habitans, et que telle est l'origine
» des rôles du Docteur, de Pantalon, de Sca-
» pin et d'Arlequin ». Rien de plus précis que
ces dernières notions ; j'ai crû piquant de les
dérober à un critique : c'est entrer intrépi-
dement en pays ennemi, et le mettre à contribution.

Mais quittons Arlequin, avec lequel, je ne
sais pourquoi, je ne me sens pas à mon aise :
cela pourrait bien venir de ma prédilec-

tion bien connue pour Gilles ou Pierrot ou
Paillasse.

———

COLOMBINE.

Encore Dominique. J'ai dit qu'il avait eu
une fille : c'était l'aimable Colombine ; il ne
s'agit pas cette fois d'un enfant d'imagination,
d'une créature *tritogénie*, mais bien d'une
fort jolie personne très-substantiellement pro-
créée, qui reçut le nom de Catherine Biancolelli, qui devint, comme je crois l'avoir
déjà avancé, madame Lathorillière, et se dis-
tingua dans les rôles de soubrettes ; Colombine est donc fille de ce même Arlequin,
qu'elle ne cesse d'aimer et que toujours elle
doit épouser. O abomination de la désolation !
puisse-t-elle reconnaître son aveuglement, et
désormais se décider en faveur de Pierrot !
elle n'épousera au moins que son oncle.

Je regrette bien de ne pouvoir parler d'elle
avec autant de détails que j'ai parlé de Marinette. Aucun historien ne nous dit si Colombine était brune ou si elle était blonde ; mais
de telle manière qu'on se la figure, elle est si
jolie qu'elle est toujours sûre de plaire ; quant
à moi, tel est le charme attaché à son nom

II.   15

seul, que j'aime Colombine, même *en man-nequin.*

CASSANDRE.

Air *du Vaudeville de la Soirée orageuse.*

Ah ! que je suis frais et dispos
Pour fêter ma commère Barbe !
Sa fête vient fort à propos,
C'est aujourd'hui mon jour de barbe.
Et quoique l'on soit en effet
L'enfant gâté de la nature,
L'homme le plus beau, le mieux fait,
A toujours besoin de parure.

Voilà un des petits momens de gaîté de papa Cassandre, et c'est précisément, je crois, dans la pièce de *Colombine Mannequin.* Mais cela ne dure point. Le bonhomme est toujours tracassé, parce que sa fille Colombine s'est entichée de monsieur Arlequin, et que le lourdaut de Gilles, au lieu de bien seconder le beau-père pour déjouer toutes les ruses, a la complaisance de se laisser prendre lui-même dans les filets. Aussi papa Cassandre, qui est un homme à caractère, finit-il par choisir pour son gendre celui qui les a tous deux bernés.

Ce caractère, comme les précédens, appartient à l'ancienne Comédie italienne. C'est encore un de ces Personnages dont le costume peut varier à l'infini; ce qui suppose.... ce qui ne suppose rien.

DAME GIGOGNE.

J'AI parlé de l'extrême fécondité de dame Gigogne, c'est à peu près tout ce que j'en puis dire. J'ajouterai pourtant que ce rôle rappelle les temps glorieux où fleurissaient Gaultier Garguille et ses deux illustres amis. Ce n'est malgré cela qu'un Personnage d'Imagination, et qui doit son origine à l'auteur qui succéda aux *Périne*, rôles que j'ai dit avoir toujours été joués par un homme travesti en femme. Les acteurs androgynes sont une rareté dans notre siècle; lorsqu'il s'en trouve, on devrait les contempler avec une admiration respectueuse, comme on éprouve une silencieuse extase à la vue des ruines antiques échappées à la fureur des Vandales et des Goths. Dame Gigogne est certainement un monument de la tradition, et j'invite le lecteur à y songer, lorsqu'il ira voir jouer les Marionnettes.

POLICHINELLE.

Enfin nous arrivons à Polichinelle : c'est fort à propos, car il commençait à prendre de l'humeur, et l'on sait qu'il est redoutable dans sa colère. Polichinelle est un premier sujet, un artiste du premier ordre, un acteur consommé ; il est l'âme de son théâtre. Les poètes eux-mêmes se sont disputés à qui éleverait un monument à la gloire de ce grand comédien et de sa troupe. C'est à Lemierre que je donne le prix ; voici le morceau couronné :

> Pour fixer en ce lieu la troupe vagabonde
> Qui s'écoule sans cesse et qui sans cesse abonde,
> Vingt théâtres dressés dans des réduits étroits,
> Entre des ais mal joints sont couverts à la fois ;
> Il en est un surtout à ridicule scène,
> Fondé par Brioché, haut de trois pieds à peine,
> Pour trente magotins constans dans leurs emplois ;
> Petits acteurs charmans que l'on taille en plein bois,
> Trottant, gesticulant, le tout par artifices,
> Tirant leur jeu d'un fil et leur voix des coulisses,
> Point soufflés, point sifflés, de douces mœurs entr'eux ;
> Aucune jalousie, aucuns débats fâcheux :
> Cinq ou six fois par jour ils sortent de leur niche,
> Ouvrent leur jeu : jamais de rhume sur l'affiche ;
> Grand concours, on s'y presse, et ces petits acteurs,
> Fêtés, courus, claqués par petits spectateurs,
> Ont pour premier soutien de leurs scènes bouffonnes
> Le suffrage éclatant des enfans et des bonnes.

Le seigneur Polichinelle est aussi un personnage de l'ancienne Comédie Italienne. L'inventeur du caractère fut-il réellement, comme son enfant d'imagination, bossu par devant et par derrière, c'est ce dont je doute; Esope lui-même, si l'on en croit les savans, n'est ainsi représenté que dans un sens purement allégorique : ces deux proéminences, disent-ils, sont le symbole de l'esprit; à ce titre, celles de Polichinelle ne peuvent avoir trop d'ampleur.

Il y eut un peintre hollandais nommé Laer ou Laar, et surnommé *Bamboche*, à cause de la singulière conformation de sa figure. Parler ici d'un Personnage honoré d'un tel surnom, c'est ne me point écarter de mon sujet. « Laer, disent les historiens, était d'une grande gaîté, rempli de saillies, et tirait parti de sa difformité pour réjouir ses amis le Poussin, Claude le Lorrain, Sandrart, etc.; c'était un vrai Farceur. » Ce seul mot fait le plus grand honneur à notre Hollandais; mais on dit qu'un jour, aidé de quatre de ses amis, il s'avisa de noyer un prêtre qui l'avait surpris, ainsi qu'eux, mangeant de la viande en carême, et les avait tous

menacés de l'Inquisition. C'était, ce me semble, pousser l'esprit de la Farce un peu loin;
ce qu'il y a de certain, c'est que notre plaisant passa tout-à-coup de la gaîté la plus
folle à la plus noire mélancolie, et de ce moment il échapperait à mon histoire, si le
hasard ne lui avait pas donné des droits immortels à la reconnaissance de la postérité.

Ce fut le père des Marionnettes, ou plutôt
celles-ci durent le jour à une imitation de son
genre de talent. Laer ne s'exerçait que sur
de petits sujets, il s'était acquis une très-
grande réputation à peindre de très-petites
figures. En 1677, on éleva au Marais un tout
petit théâtre sur lequel on fit jouer des enfans; la scène semblait ainsi un tableau de
Laer; on donna aux acteurs le surnom du
peintre, et ce spectacle fut nommé un *spectacle de Bamboches*. Les *Bambochades* attirèrent la foule pendant quelque temps : à
Paris, la nouveauté fait toujours naître l'enthousiasme, mais l'enthousiasme parisien est
un fils extrêmement tendre, qui ne peut jamais survivre à sa mère. Or le jeu des acteurs-
marmots, cessant d'être un spectacle neuf,
cessa aussi de causer l'admiration et bientôt

ce théâtre fut désert. Mais le théâtre des Bamboches était dirigé par deux hommes de génie qui trouvèrent un moyen de triompher de l'inconstance du public. Nos petits comédiens avaient sans doute un très-médiocre traitement, encore fallait-il cependant les nourrir. Des maîtres étaient indispensables pour aider leur intelligence et leur apprendre leurs rôles ; ce n'était à chaque instant que pièces nouvelles, dont les auteurs voulaient toujours retirer une rétribution ou qui exigeaient sans cesse des frais de costumes. Les deux Directeurs réfléchirent qu'ils pouvaient obvier à tous ces inconvéniens ; ils pensèrent judicieusement qu'en se formant une troupe d'acteurs de bois, ceux-ci seraient très-faciles à nourrir ; qu'en les costumant une fois pour toutes, d'une manière bizarre qui servît à un certain nombre de pièces qu'ils composeraient eux-mêmes et qui formeraient tout leur répertoire, ils se verraient ainsi délivrés des auteurs, des costumiers et des maîtres de déclamation. Cette idée était lumineuse, elle fut aussitôt mise à exécution. L'un des Associés présenta un cadre dramatique qui, à quelques variations près, pourrait se re-

produire à l'infini, et dont le fameux Polichinelle serait le héros principal ; il lui ad-
joignit un Cassandre, un Commissaire, un
Aveugle, un Suisse à moustaches, un Scaramouche, une mère Simone, une dame Gigogne, un Apothicaire, des Archers et des
Diables. L'autre Associé se chargea de faire
fabriquer les Artistes. Dès que la Troupe fut
arrivée de chez le tourneur, on l'habilla et
elle fut convoquée en Assemblée générale.
Tous ayant pris place sur des banquettes, les
deux Directeurs qui présidaient, deman-
dèrent que l'on fît le plus grand silence.
L'Associé-Auteur se leva alors et prononça
ce discours. « Messieurs et Mesdames : vous
formez la troupe des véritables FANTOCCINIS
FRANÇAIS ; j'aime à croire que nous vivrons
long-temps ensemble et mutuellement satis-
faits les uns des autres. Loin d'ici toutes les
passions haineuses, les rivalités, les sentimens d'amour-propre : rien ne pourra aigrir
votre cœur, vous resterez sourds à toutes
les insinuations perfides.... Eh ! Messieurs, ne
nous êtes-vous pas tous également chers ? ne
valez-vous pas tous le même prix ? Certes,
vous êtes tous également bien tournés, mais

il ne peut y avoir qu'un rôle brillant : entendez donc sans murmure que l'un de vous
soit préféré par moi. » Aucun ne murmura.
« Vous, Polichinelle, continua l'orateur,
c'est à vous que je confie le premier emploi ;
cette distinction est due à votre nom fameux:
vous serez invulnérable, et en conséquence
toujours triomphant. Vous, l'Aveugle, vous
vous laisserez tuer par lui ; vous, Commissaire ; vous, Suisse à moustaches ; vous, Archers : vous souffrirez également qu'il vous
assomme l'un après l'autre, et arrivera le
Diable qui vous emportera ; l'intérêt et le comique de la pièce le veulent ainsi : de grâce,
Messieurs, ne vous en fâchez point.... » Aucun ne se fâcha. L'Orateur poursuivit sur ce
ton et avec un égal succès ; son associé ayant
même été obligé de quitter tout à coup l'Assemblée, il ne cessa d'être attentivement
écouté, et jouit, à la fin de son discours, des
marques non équivoques d'un assentiment
unanime.

Ainsi les rues de Paris s'enrichirent des
Marionnettes, dont le nom devait un jour
être deux fois et si ingénieusement célébré

sur la scène française *. Le début produisit la plus vive sensation. L'Associé-Auteur parlait et faisait mouvoir les fils, l'autre faisait le Compère et interrogeait. De plus il jouait en même temps du violon, et à lui seul formait l'orchestre. Ce spectacle opéra des merveilles et se multiplia avec une rapidité inconcevable. Ne pouvant suffire à l'empressement du public, on prit le parti de supprimer les fils, et un homme caché, tenant ces acteurs par les jambes, les fit jouer en plein vent. Polichinelle paraissant au-dessus d'un rideau, assomma son Aveugle et ses Archers, tout aussi adroitement qu'il les assommait sur son théâtre. Les regards parisiens ne se lassent point encore de contempler un si agréable divertissement; l'enthousiasme semble même s'accroître de jour en jour, je ne sais quel parti l'on prendra enfin. C'est là qu'en sont les choses.

Il me reste à parler du DIABLE. Mais ici je me tais, ce n'est point un Personnage d'Imagination.

* *Les Marionnettes* et *les Petites Marionnettes.*

FIN DE LA TROISIÈME PARTIE.

PERSONNAGES CÉLÈBRES

DANS LES

RUES DE PARIS.

~~~~~~

QUATRIÈME PARTIE.

—————

PERSONNAGES VIVANS.

—————————————————

L'HOMME INSENSIBLE.

Tout Paris peut aisément juger par lui-même du vrai mérite de mes Personnages vivans; il ne m'est pas aussi facile à moi de me procurer des renseignemens authentiques sur la vie et les habitudes de chacun d'eux. Je donnerai pourtant sur l'HOMME INSENSIBLE des détails irrécusables, ils sont attestés par
~~~~~~

la Faculté de Médecine, ils furent publiés par un Journal : il n'y a pas moyen d'en douter.

Le premier prodige qu'il opère, c'est de s'introduire une baguette dans l'œsophage, et de la faire pénétrer dans ses intestins jusqu'au *non plus ultrà* : elle doit même y décrire une courbe, car elle est plus longue que le coffre du Personnage, et ne laisse d'excédent à l'entrée, qu'autant qu'il en faut pour la ressaisir et la retirer. Cette grande expérience, qu'il répète matin et soir en public, doit son origine à un expédient ingénieux dont il s'avisa, dit-on, fort à propos, pour conserver ses jours, et qu'il a seulement depuis lors perfectionné : c'est ainsi qu'il se débarrassa d'une tumeur qui lui était survenue aux amygdales, et qui les obstruait au point de l'étouffer. Tous les remèdes connus n'y pouvaient rien, et un autre que lui en fût mort : un coup de baguette fit déguerpir le mal ; il ne fallait qu'un procédé bien simple.

La seconde expérience finira infailliblement par introduire parmi nous une mode nouvelle. L'Homme Insensible porte une épingle à sa bouche, l'enfonce dans l'une de ses joues, et de la pointe que l'on voit saillir en-dehors, il

forme un crochet auquel il suspend une montre. Ainsi décoré, à ne point considérer l'espèce d'ornement attaché à sa figure, on le
prendrait pour un de ces coquets habitants du
détroit du Prince Guillaume ou de l'Entrée
de Nootka, qui surchargent la leur de toutes
sortes de bijoux. Mais, comme ces Indiens,
ce n'est pas dès l'enfance que sa chair est dis-
posée à recevoir de la parure; c'est à l'instant
même que l'Homme Insensible se fait l'inci-
sion. On rapporte qu'un jour quelques personnes s'étonnèrent de voir saigner la plaie,
et que ce grand homme prononça ces mots re-
marquables : « Messieurs, je suis insensible et
non *insanguin*. » On le voit enfin tenir en ses
mains une barre de fer rouge, chauffée en présence même des spectateurs. Quant à cette
expérience, elle est sans exemple sur toute la
surface du globe, car tout le monde craint de
se brûler les doigts en touchant un fer chaud.

Ce physicien célèbre, lorsqu'il procède à
ses expériences publiques, est ordinairement
vêtu en Crispin, et l'on y assiste pour la baga-
telle de deux sous, encore ne paie-t-on qu'en
sortant. Telle est la modique somme à laquelle
je dois de pouvoir parler ici pertinemment de

ce Personnage. Entré dans l'enceinte, vous apercevez un tout petit théâtre de marionnettes, dont la toile est levée, et que remplit entièrement à lui seul un assez bel homme assis sur une chaise et s'occupant paisiblement à mettre en ordre de petits carrés de papier imprimés : c'est l'HOMME INSENSIBLE; et ces imprimés, qui sont destinés aux spectateurs, contiennent l'attestation de la Faculté et l'extrait du Journal.

On a vu à Paris un autre Homme Insensible. Celui-là avalait de l'huile bouillante, et aura fini par se brûler les entrailles ; au moins semble-t-il s'être fondu, car je n'ai pu en avoir aucunes nouvelles. L'Insensible moderne, avec sa barre de fer rouge, son crochet et ses baguettes, ne court aucun danger : il ferait même bien plus encore, s'il le voulait ; on le couperait par morceaux sans qu'il ressentît la moindre douleur. Je tiens cela de Paillasse, cet excellent Personnage dont j'ai parlé en son temps, et qui cette fois se met vraiment en nage à la porte, pour échauffer les spectateurs et les disposer à un spectacle si extraordinaire. Il y réussit très-adroitement. Il raconte qu'un de ses maîtres

ayant eu le malheur qu'un brigand lui déta-
chât la tête de dessus les épaules , lui Paillasse il la rapprocha aussitôt du tronc , et sut
la recoudre avec tant de succès que deux
jours après on ne se fût jamais douté de l'ac-
cident. Ce qu'en dit ici notre Farceur, c'est
par imitation de ces vers du Berni :

> Il povero uomo , che non se n'era accorto
> Andava combattendo , ed era morto.
>
> (Le pauvre homme , qui ne s'apercevait
> pas qu'il était mort , combattait tou-
> jours.)

On ne se serait pas douté que Paillasse con-
nût si bien ses auteurs.

Il faut que je rapporte ici un autre trait de
génie enfanté par lui , car je ne puis trop
chercher à confondre l'injustice de ses dé-
tracteurs. Il racontait un jour, qu'après avoir
été long-temps à Paris garçon apothicaire ,
il s'était mis en tête de voyager , et était
arrivé aux Grandes-Indes. Comme il en revenait, une tempête s'élève , brise le vaisseau : tout l'équipage roule précipité dans la
mer. Paillasse luttait contre les flots , lorsqu'une baleine se présente et l'avale tout vi-

vant. Le Jonas moderne fut d'abord un peu interdit dans son nouveau domicile ; après avoir enfin repris haleine, il se retourne, et rêve s'il n'y aurait pas quelque moyen de s'échapper. Ce n'était pas chose facile ; mais il se rappelle tout à coup qu'il lui reste dans ses poches quelques grains d'émétique. Que fait Paillasse ? Il les pose sur la rate du poisson, et la baleine éprouve aussitôt un tel mal de cœur, qu'elle vomit son prisonnier.... jusque sur la butte Montmartre.

Je ne dirai pas, cette fois, de quel auteur ce récit admirable est imité. Mais revenons à l'Homme Insensible, ou plutôt disposons-nous à le quitter. J'ignore le nom de ce Personnage, et c'est bien ma faute, car j'eus l'honneur de recevoir de lui un de ses imprimés que j'ai maladroitement égaré. Je me rappelle pourtant quelle est la feuille périodique qui a fait naître sa célébrité, c'est défunt le *Journal des Arts*.

LE MANGEUR DE CAILLOUX.

C'est un terrible gastronome que ce Personnage ; il mange des cailloux, et il a le secret de les digérer. On raconte qu'ayant fait naufrage sur une île déserte, il s'accoutuma peu à peu à cette nourriture, qui finit par lui paraître un mets si succulent, qu'il ne changerait pas aujourd'hui un plat de cailloux contre une dinde aux truffes. Je m'étonne que l'*Almanach des Gourmands* ne se soit pas encore occupé de ce nouveau comestible.

Ce Personnage ne m'est pas aussi connu que le précédent. Je n'ai pas eu l'avantage d'assister à l'un de ses repas, mais je l'ai vu passer dans les rues. Il est vêtu à la hussarde, en pelisse et pantalon rouges ; il n'a qu'une jambe et même qu'une cuisse : son corps repose perpendiculairement sur cet unique pivot. Ceci n'est, dit-on, qu'un vice de conformation et une bizarrerie de la nature ; cette marâtre, au surplus, l'a récompensé en lui donnant deux bras droits ; mais il n'en montre qu'un, pour ressembler au moins en quelque chose extérieurement aux autres hommes. On le dit très-adroit escamoteur.

LE BATONNISTE.

C'est un jeune homme dont le poignet est fort agile et le coup d'œil extrêmement sûr.

II.   16

Un enfant s'agenouille soutenant une pièce de monnaie en équilibre sur son nez ou sur son menton, et le Batonniste, en faisant le moulinet, emporte la pièce sans effleurer la place. Tous les spectateurs sont libres d'en faire l'épreuve.

Cet artiste procède à divers autres exercices au son d'une orgue portative, jouée par son épouse. Il jette son bâton en l'air en le faisant pirouetter, le ressaisit, le rechasse par derrière, par sous sa jambe, et toujours en mesure; j'ai dit qu'il était fort adroit. Le spectacle se termine par l'offre qu'il fait à chacun des spectateurs d'un petit étui où se trouvent trois excellens numéros pour la loterie.

LE MUSICIEN DES PROMENADES.

VIRTUOSE extrêmement connu et qui mérite sa grande célébrité. Cet artiste ingénieux s'est imaginé de mettre toute sa personne en œuvre : il fait entendre à lui seul un double flageolet, une harpe, un tambourin, et en outre des cymbales et un groupe de sonnettes attachées à deux petites branches de fer qu'une ficelle fait mouvoir :

> Tel autrefois César en même temps
> Dictait à quatre en styles différens.

Ces vers de l'histoire du fameux Perroquet sont même ici une application trop faible, car, de bon compte, le musicien fait à la fois au moins cinq parties, et de plus, on vit long-temps au-dessus du groupe de sonnettes un pantin qui, mu en cadence, exécutait une pantomime fort divertissante.

Une voix de femme se marie ordinairement à ses accords. Je ne l'ai entendu qu'une fois accompagner un chanteur. Celui-ci entreprit le grand morceau de *la Rosière : Ma barque légère portait mes filets*. On vit sa barque en danger ; j'ignore si elle fut ramenée à bord. Une des cantatrices avait le défaut de sembler immobile en chantant ; mais le public goûtait beaucoup sa romance favorite. En voici un couplet, je ne sais même s'il y en avait plusieurs ; il est sur l'air du mineur de *l'andante d'Armide*.

> Malgré notre misère,
> Et navré de douleur,

Nous bravons, pour vous plaire,
La honte du malheur.
Ayez de l'indulgence,
Sensibles amateurs,
Avec peu de dépense
Soyez nos bienfaiteurs.

Cet artiste n'est certainement pas sans talent. Tout le mouvement qu'il se donne égaie
parfois les spectateurs ; mais il me semble
qu'on se démènerait à moins, puisqu'il est
obligé d'y aller des pieds et des mains ; l'on
peut vraiment dire de lui qu'il est musicien
jusqu'au bout des ongles. Il exécute souvent
aussi le rondeau *Enfant chéri des Dames* et
plusieurs grands morceaux de musique. Au
surplus, les personnes qui désireront sur lui
de plus grands renseignemens, en trouveront
abondamment un peu plus loin, à l'article de
la CHANTEUSE VOILÉE.

LE JOUEUR DE SERINETTE.

JE n'ai vu qu'une fois ce Personnage ; c'é-
tait sur la place Saint-Germain-l'Auxerrois.
Sa serinette était placée sur une petite table,
et il jouait paisiblement à quelque distance du

Musicien des Promenades. Celui-ci eut la malice d'accroître encore l'harmonie de son concert, déjà naturellement un peu bruyant. Le joueur de serinette se fâcha, et on en vint de part et d'autre à des apostrophes très-vives. — Qu'êtes-vous donc? lui disait le Musicien des Promenades, *un tourneur de manivelle!* — Et vous, répliqua le Joueur de Serinette, qu'êtes-vous? un musicien *à coups de pieds et à coups de poings!* A ce mot, le harpiste se leva furieux, mais il fut retenu par les différentes ficelles qui l'attachent à ses instrumens. J'ignore comment se termina cette querelle, qui amusait beaucoup les passans.

L'AVEUGLE A LA GRANDE BARBE.

CET aveugle, ainsi nommé parce qu'il a en effet une barbe blanche fort longue et fort épaisse, est un Personnage aussi pacifique que le Musicien des Promenades est bruyant. Il est assis et ne dit mot; tout son talent se borne à agiter sa tasse, dans laquelle il fait résonner une petite pierre. C'était autrefois une petite pièce de monnaie qu'il faisait sauter ainsi; un mauvais plaisant s'avisa de la lui enlever et d'y substituer un caillou. Depuis ce temps, l'aveugle, à chaque sou qu'on lui donne, le met aussitôt dans sa poche, et laisse le caillou dans la tasse.

LA CHANTEUSE VOILÉE.

CETTE CHANTEUSE VOILÉE venait tous les soirs, il y a une dixaine d'années, s'adosser contre le portail de l'église Saint-Germain-l'Auxerrois : c'était une jeune personne dont la mise était toujours très-soignée. Sa taille était élégante, sa voix douce et flexible, son accent tendre, sa prononciation pure : que de titres pour intéresser! J'ajouterai qu'elle était fort jolie; solution qui inquiétait beaucoup alors les spectateurs. On voit que j'écris vraiment d'après des Mémoires particuliers; je vais en donner une nouvelle preuve, en racontant une aventure fort extraordinaire, à laquelle donna lieu cette mystérieuse inconnue.

Il est, en général, trois différens motifs à l'intérêt qu'inspirent mes Personnages : le premier, c'est la curiosité, et celui-là ne leur est jamais guère profitable ; le second, c'est la sensibilité, sentiment exagéré dont ils ne retirent guère plus d'avantages ; et enfin l'humanité, qui les sert beaucoup mieux. La curiosité veut absolument savoir ce qu'ils sont ; la sensibilité se les figure souvent ce qu'ils ne sont pas ; l'humanité, s'inquiétant fort peu de ce qu'ils ne sont pas ou de ce qu'ils sont, s'empresse en courant de soulager leur infortune : c'est donc ce dernier sentiment que j'invoque en leur faveur. Je fais cette petite réflexion moi-même en passant, et seulement parce qu'elle me vient à l'idée. Arrivons à l'anecdote.

Il s'agit ici d'un tour qui fut joué à deux anciennes amies par un de leurs vieux voisins, leur société intime, et qui avait contre elles un petit ressentiment. Le tour paraîtra un peu fort ; mais ces bons amis se rendaient souvent la pareille, et l'on finissait toujours par un raccommodement en forme. Madame Dumont et mademoiselle Rose (c'est le nom de ces dames) occupaient en commun le second étage d'une des maisons situées sur la place Saint-Germain-l'Auxerrois. M. Orgont demeurait vis-à-vis dans une de ses propriétés, et venait passer toutes les après-midi avec ses voisines, qui se plaisaient à le turlupiner, parce qu'il était tant soit peu railleur et fanfaron, quoiqu'au fond un excellent homme. On parlait même d'un mariage entre sa fille et le neveu de mademoiselle Rose. Léontine était l'unique héritière d'un riche patrimoine; M. Alphonse n'avait rien, mais il espérait une excellente place : on ne pouvait une union plus convenable, et M. Orgont n'était pas éloigné d'y consentir ; d'ailleurs, les deux jeunes gens s'étaient déjà entrevus deux fois, et s'aimaient éperduement.

On riait donc, on jouait, on causait, surtout on s'entretenait de tout ce qu'on voyait sur la place. — Mais que pensez-vous donc de la Chanteuse voilée? lui demandait la sensible mademoiselle Rose. — Ma foi, répondit l'original M. Orgont, cette Chanteuse pourrait bien être quelque sultane favorite échappée des sérails du Grand-Mogol ; c'est certainement, ajouta-t-il, quelque illustre infortunée. Mademoiselle Rose s'était pincé les lèvres en entendant prononcer la première phrase, tant M. Orgont parlait souvent avec une exagération capable de faire croire qu'il prenait ces dames pour dupes : par exemple, n'avait-il pas prétendu un jour qu'il jugeait à l'inspection des astres que le grand kan des Tartares actuellement régnant, devait être gaucher. Mademoiselle Rose, sans savoir seulement s'il existait un grand kan des Tartares, avait parti d'un éclat de rire, et madame Dumont, à son ordinaire, avait aussitôt imité son amie ; mais, pour cette fois, sa seconde phrase parut à mademoiselle Rose extrêmement raisonnable, parce que cette phrase s'accordait avec sa pensée. Aussi les questions se succédèrent-elles. Ces dames voulaient tout savoir et qu'il devinât tout. — Mais, demandait la bonne madame Dumont en examinant le Musicien des Promenades, comment lui sera-t-il venu à l'idée de jouer de tant d'instrumens à la fois ? Où a-t-il été s'imaginer de retourner des pincettes et d'attacher en haut des cymbales ? Voisin, comment se nomme-t-il ? Cet artiste est-il né en France ? Oh ! non, à son grand chapeau, je le crois quelque Russe..... A propos, com-

ment cela s'est-il passé avec son Joueur de
Serinette!..... — Corbleu! répétait M. Orgont, me croyez-vous sorcier, ou faut-il que
je me creuse la cervelle à vous forger des romans? Il ne disait pas cela sans malice, parce
que mademoiselle Rose en lisait beaucoup.
Mademoiselle Rose fut piquée, et osa lui répondre qu'elle ne craignait pas qu'il en for-
geât. Ceci était un trait mordant contre M. Orgont, qui s'était flatté qu'il serait, s'il le voulait, poète et romancier. D'ailleurs, ajouta-
t-elle, monsieur présume-t-il que nous soyons
assez crédules pour ajouter foi à toutes les in-
vraisemblances que son imagination pourrait
enfanter? M. Orgont partit d'un éclat de rire,
parce qu'il présumait, et même était per-
suadé, que ces dames étaient extrêmement
crédules. Madame Dumont s'en mêla. On se
prit de mots. Il les traita de vieilles folles;
elles le traitèrent de vieux fou, et mademoiselle Rose ajouta ironiquement le défi d'un
roman de sa façon. A ce mot, que fait M. Orgont? il prend sa canne et son chapeau, et le
voilà parti.

La troisième soirée s'écoulait, disent les
Mémoires, et M. Orgont ne revenait pas faire

le piquet de ses voisines. La brouille paraissait fort sérieuse; et sans doute il s'en était allé à la campagne, car ses volets restaient constamment fermés. — C'est fini, M. Orgont ne reviendra plus, disait douloureusement madame Dumont; plus de jeux pour nous, plus de nouvelles, il nous faudra toujours rester seules, ne sachant que dire et que faire. Rose, tu as eu tort. — Vous vous plaignez, répondait son amie; qui plus que moi pourrait perdre à cette querelle? je crois bien que voilà le mariage manqué..... Mais endurer des sarcasmes! être prise pour dupe! non, jamais.

Cependant l'âme héroïque de mademoiselle Rose était ébranlée par les longs soupirs de son amie qui s'ennuyait à mourir, et de part et d'autre un découragement complet décelait une sombre inquiétude. Les Mémoires nous font ici un tableau affreux de la situation de ces dames. Tout, y est-il dit, souffrait de leur peine secrète: les oiseaux chéris n'apprenaient plus, d'après la serinette, à répéter l'air charmant de *la Découpure*; la toilette du bel épagneul était négligée; Marie, la pauvre Marie, déjà si affligée du chagrin de ses maîtresses, n'osait leur parler, ou recevait des rebuffades qu'elle s'efforçait pourtant de ne pas mériter. Ces dames passaient tristement les heures à leurs croisées. Là, le spectacle varié des Personnages célèbres, qui, en d'autres temps, savait si bien les distraire, ne faisait plus qu'ajouter à leur ennui. Ces dames restaient immobiles, et les regards tournés languissamment vers la maison de l'ingrat qui les délaissait. Dans cet état, elles s'abîmaient dans une profonde rêverie : je veux dire mademoiselle Rose, dont l'imagination tendre et mélancolique aimait à s'égarer de souvenirs en souvenirs ; car, pour madame Dumont, disons le mot, elle dormait.

Or, en ce moment même, à peu de distance et dans l'obscurité, la foule ne faisait que s'accroître pour écouter la Chanteuse voilée, qui ce soir-là chantait une romance extrêmement remarquable et que l'on n'avait pas encore entendue. Il se faisait souvent un murmure d'étonnement. Mademoiselle Rose fut frappée de ces voix confuses, et plusieurs fois s'efforça de réveiller madame Dumont qui s'obstinait à feindre de dormir profondément, parce qu'elle avait de l'humeur. Enfin, il se

fit un silence. La Chanteuse avait achevé sa
romance; mais on la pria de recommencer,
et bientôt, pour la seconde fois, elle fit entendre les paroles suivantes :

Conseiller est chose facile ;
On dit : gardez bien votre honneur.
Hélas ! écoutez quel malheur
Poursuivait la pauvre Lucile....
O venez ! ouvrez-lui vos cœurs
A cette jeune infortunée,
Qui pour l'innocence était née
Et toujours versa tant de pleurs.

A peine au sortir de l'enfance,
Je fuyais les vœux d'un barbon ;
Voilà qu'il m'enlève en ballon,
Avec lui seule et sans défense....
O venez ! ouvrez-lui vos cœurs
A cette jeune infortunée,
Qui vers les astres entraînée,
Dans les airs versa tant de pleurs.

J'arrive en un lointain rivage ;
Un pâtre est mon libérateur.....
Survient un peuple destructeur
Et Lucile est dans l'esclavage.....
O venez ! ouvrez-lui vos cœurs
A cette jeune infortunée,
Qui dans un cachot enchaînée,
Sous terre versa tant de pleurs.

J'avais su braver la colère
D'un sombre et farouche tyran,
Mais le jeune fils du sultan
Avait encor mieux su me plaire....
O venez! ouvrez-lui vos cœurs
A cette jeune infortunée,
Dont la cruelle destinée
Fut partout de verser des pleurs.

Le dirai-je, hélas! j'étais mère.
Nous voulons fuir, on nous surprend;
Un supplice affreux nous attend,
Tout est sourd à notre prière....
O venez! ouvrez-lui vos cœurs
A cette jeune infortunée.....

Ici la romance fut interrompue. Depuis quelque temps on remarquait deux dames respectables par leur âge et leur extérieur, écoutant la Chanteuse avec un degré d'intérêt que l'on pourrait appeler le comble de l'enthousiasme. Une domestique les accompagnait à une juste distance, portant un fallot et un petit épagneul. La plus âgée s'appuyait d'une main sur une haute canne noire, et de l'autre sur le bras de sa compagne, qui, en même temps, tenait une ombrette déployée, pour les garantir du serein. Ces dames, arrivées avec beaucoup d'empressement, s'étaient placées en avant de la foule. A chaque mot qu'elles entendaient, elles se parlaient bas avec chaleur, considéraient de nouveau l'inconnue, et se parlaient encore. Mais lorsque celle-ci eut prononcé : *Un supplice affreux nous attend ; tout est sourd à notre prière....*, leurs larmes, leurs sanglots attirèrent tellement l'attention des spectateurs, qu'il fut impossible à la Chanteuse de continuer.

Le lecteur s'est douté que c'étaient madame Dumont et mademoiselle Rose : il ne s'est pas trompé. On vit la domestique qui avait reçu un ordre, s'approcher de la jeune personne, et lui parler à l'oreille en lui montrant les croisées de ces dames. Elle lui disait que ses maîtresses l'attendaient le lendemain matin sur les dix heures pour déjeuner. La Chanteuse répondit par un signe qu'elle se rendrait à l'invitation.

Ces dames s'éloignèrent donc aussitôt, fort satisfaites et d'un air très-affairé. Ma foi, disait mademoiselle Rose, cet original de M. Orgont n'avait cependant pas trop mal deviné ; c'est vraiment une sultane fugitive..... Mais quelle fatalité ! toute jeune, avoir été ainsi enlevée au milieu des airs!.... O quel monstre que ce ravisseur ! Savez-vous, chère amie, que ces aéronautes sont des hommes dangereux pour celles qui refuseraient de les aimer? en vérité, je ne voudrais pas.... Pauvre petite infortunée! Ma foi, tout bien réfléchi, nous l'entendrons. — Comment! si nous l'entendrons, répondit avec empressement madame Dumont, qui avait déjà peur que son amie n'éprouvât quelques scrupules, certainement je veux l'entendre : son récit me distraira; Dieu merci, je me suis assez ennuyée.

Les deux amies ne purent dormir, tant elles étaient impatientes d'être au lendemain. Malgré cela, dès les cinq heures, tout le monde fut sur pied. Heureusement la mère de la domestique était arrivée la veille de son pays; Catherine aida beaucoup sa fille : en général, tout le monde fut en nage.

Nos dames avaient raison de se hâter, car l'auteur de la pièce n'avait garde de laisser manquer la représentation. On assure pourtant qu'il éprouva quelques contrariétés, parce que l'actrice principale, qui ne se souciait pas de son rôle, feignit tout à coup une indisposition; mais elle fut aussitôt remplacée par une

doublure qui valait bien le premier sujet :
c'était, dit-on, un jeune Batonniste lui-même
fort célèbre sur la place ; ce jeune homme
était d'une fort jolie figure et très-bien en
femme : seulement, comme la nouvelle actrice n'avait pas encore eu le temps d'apprendre tout son rôle, l'auteur décida que la
pièce serait en deux actes, et se chargea de
faire à propos baisser et relever la toile.

Tout cela ne produisit qu'un fort léger re-
tard, mais qui suffit pourtant pour alarmer
ces dames. Tous les timbres des horloges de
la ville avaient retenti de la dixième heure,
et le quart même approchait, lorsque l'on
annonça la Chanteuse voilée. Son arrivée fit
éprouver des transports de joie. Madame Dumont, qui était alors assise près de la volière
entr'ouverte parce que Lubin s'était empigé,
oublia ses oiseaux, et courut vers la cuisine
en criant que l'on se hâtât de servir. Mademoiselle Rose, qui regardait impatiemment
sur la place, vint de la fenêtre se précipiter
sur la main de la jeune personne, et la pressa
contre son cœur. — Que j'étais donc inquiète !
lui dit-elle ; savez-vous, cher ange, que vous
avez un peu tardé. Mais quel est votre nom,

chère enfant? La sultane répondit : Lise Alton. Mademoiselle Rose, qui avait lu beaucoup de romans anglais, entendit *miss* Alton.
— Madame Dumont, s'écria-t-elle, c'est une
miss ! Celle-ci était en ce moment dans une
pièce voisine où l'on servait. — C'est une
miss ! s'écria-t-elle à son tour ; je m'en étais
doutée. Allons, allons, venez, le déjeuner
est prêt.

Mademoiselle Rose fit aussitôt passer la
chère miss dans l'autre pièce. Les domestiques sont renvoyées ; ces dames leur recom-
mandent que personne ne vienne les déranger, ferment toutes les portes, et font placer
l'étrangère entre elles. Enfin, nous la tenons,
dit madame Dumont tout en s'asseyant. Son
amie lui fit plusieurs signes pour l'inviter à
modérer son impatience, et en même temps
elle accumula questions sur questions. Si
jeune ! répétait-elle, lançant par intervalles
à l'étrangère un regard tendre et compâtis-
sant ; si jeune ! et déjà tant d'expérience....
— Mais pas autant que vous le croyez, répondit la sultane. — Comment! comment !
serait-il possible ? reprit mademoiselle Rose ;
en vérité, je suis d'une impatience.... — Lais-

sons-la donc déjeuner, dit madame Dumont :
d'abord, chère miss, nous attendons le récit de vos infortunes. La jeune personne
parut toute saisie à ces mots. « Hélas ! se
prit-elle à dire, souvent à la vérité.... Mais
pourquoi vouloir..... Je n'oserai jamais.....
Figurez-vous donc que je me trouvais en des
pays lointains dont les mœurs... les usages...»
Ces dames se morfondaient pour dissiper tant
de scrupules. Vous voulez donc que j'avoue
à ma honte ? continuait la sultane...... Cette
histoire est vraiment singulière..... Il y a des
choses.... — Comment ! comment ! interrompirent enfin les deux amies ; ne vous gênez
donc pas, nous sommes seules. — Nous ne
sommes plus des enfans, observa madame
Dumont. — Je suis demoiselle, il est vrai,
reprit sa compagne ; mais, chère miss, il est
un âge où il est permis de ne rien ignorer et
de tout entendre. Votre honte ! ajouta-t-elle ;
nous croyez-vous donc impitoyables pour
avoir mieux su résister ? Eh ! mon enfant,
qui donc n'a pas connu l'empire des passions ?
Pensez-vous que moi-même mille fois......?
— Et moi donc ! allait continuer madame
Dumont.

En ce cas, dit la sultane, je vous obéis. A ces mots, les figures des deux amies s'épanouirent. Mademoiselle Rose croisa ses bras avec dignité ; madame Dumont, s'enfonçant dans son fauteuil, donna à ses pouces rapprochés une extrême mobilité, et la chère miss, après avoir toussé légèrement, parla ainsi :

« Je passerai rapidement sur tout ce qui est connu par ma romance. Mon ravisseur mourut dans les airs. Le pâtre fut mon libérateur, en ce qu'il me délivra d'une horde de Sauvages qui épouvantés par mon ballon, et par moi-même qu'ils prenaient pour un oiseau de proie d'une espèce nouvelle, s'apprêtaient à me faire périr. Quant au peuple destructeur qui survint, c'étaient les Karakalpacks, peuple habitant les bords de l'Aktouba..... — Tudieu, quels noms ! interrompit madame Dumont ; je ne pourrai jamais m'en souvenir, ni peut-être les prononcer : de grâce, répétez-les moi. Alors elle tira ses tablettes, et écrivit *Quatarapalfracs*, tandis que son amie, qui se flattait d'avoir saisi le mot, lui épelait *Caratafalpaps*. Elle y joignit l'*Artouba*, et conserva ses tablettes en main

pour y écrire à mesure les mots qui lui paraî-
traient difficiles à retenir. La sultane reprit :
Je passai successivement, et par le droit de
la guerre, au pouvoir des Usbeks, des Kalmouks, des Nogaïs et des Kirguis. Le sultan
était de cette dernière nation. Il se nommait
Terribiliformoud (Ce nom effraya tellement
madame Dumont, que les tablettes lui tombèrent des mains). Vous savez que ses hommages furent repoussés avec indignation ;
mais il faut vous dire ici que j'avais eu la douleur de voir massacrer mon vieux pâtre à mes
yeux mêmes par les Karakalpacks, et que le
vieillard m'avait si tendrement aimée, que
même après sa mort il ne cessait pas de
veiller sur moi : son ombre chérie m'appa-
raissait très-souvent, et nous dissertions ensemble. J'eus le malheur que le sultan me
surprît plusieurs fois dans un moment où je
causais très-vivement avec l'ombre protectrice. Terribiliformoud entra dans une telle
colère, que je pensai mourir de peur et restai
long-temps évanouie. Quelle ne fut pas ma
surprise, quand je revins à moi, de voir à
mes pieds un jeune prince aussi beau que le
jour ! La curiosité l'avait attiré vers cet ap-

partement secret, d'où il avait remarqué que son père sortait souvent la fureur dans les yeux. Fidélistan (c'était son nom) s'était tout à coup épris d'amour pour moi. Fuyons, belle esclave, me dit-il d'un ton aussi tendre que respectueux; fuyons chez les Kalmouks: ce peuple est ennemi des Kirguis, nous y serons en sûreté. Je ne disais pas non. Malheureusement le sultan ayant eu la fantaisie de revenir sur ses pas, et entendant une voix, fut curieux d'examiner cette ombre avec laquelle, lui avais-je dit, j'avais coutume de m'entretenir. Il entra donc, mais cette fois l'ombre ne disparut pas. Je ne saurais vous peindre son courroux. C'est ainsi que Fidélistan et moi, tous deux aussi innocens l'un que l'autre, nous fûmes jetés dans les fers et condamnés au dernier des supplices.

» Vous savez que j'étais mère.... — Je sais par votre romance, répondit madame Dumont, que vous étiez mère; mais vous dites ici que vous étiez tous deux innocens?— Sans doute, répondit la jeune personne avec une extrême confusion; mais c'est le sultan qui m'avait rendue mère...—Le sultan! s'écrièrent ces dames, — O ciel, avoir été l'épouse d'un sultan ! ajouta mademoiselle Rose ; si je ne me trompe, chère miss, vous disiez que ses hommages avaient été repoussés ? — Cela est vrai, reprit la sultane d'un air embarrassé ; mais vous vous souvenez sans doute que j'avais eu une peur affreuse.... Mademoiselle Rose allait parler précipitamment, elle se retint : bornée à des notions vagues sur ce chapitre, ses yeux cherchèrent à consulter ceux de madame Dumont, qui, se défiant apparemment de ses lumières, évita le regard observateur de son amie. — Continuez, infortunée ! dit mademoiselle Rose en soupirant. L'infortunée continua :

» Quoique je fusse enceinte, le sultan était si courroucé, qu'il voulait que je mourusse sur-le-champ, ainsi que Fidélistan qu'il disait n'être point son fils, mais un esclave kalmouk dont il avait eu pitié. Vous connaissez *Misalabrouck* ? — Eh ! mon Dieu non, dirent à-la-fois les deux amies. — Vous n'avez jamais, reprit la sultane, remarqué à Paris, sur les ponts ou sur les quais, un aveugle qui a une grande barbe et qui fait continuellement sauter un caillou dans sa tasse ? c'est un murse *

* Un *Murse* est un chef de tribu chez les Karakalpacks.

karakalpack. Misalabrouck m'avait prise en
telle affection, qu'il avait quitté ses tribus et
sa patrie pour s'attacher à ma destinée. Les
Kirguis lui avaient, en ma faveur, donné un
emploi considérable. Seul, il osa venir, avec
un noble courage, reprocher au sultan sa
férocité et implorer notre grâce. L'impitoyable Terribiliformoud lui fit crever les yeux,
ordonna qu'il fût jeté dans un cachot, et n'en
fut que plus acharné à notre perte.

» Vous connaissez au moins *Solsirépifpan?*
— Eh! mon Dieu non, répondirent encore
les deux amies; imaginez-vous que nous
sommes de pauvres délaissées, absolument
étrangères à tout ce qu'il y a de remarquable
dans les rues de Paris. La sultane reprit : Solsirépifpan est le Musicien des Promenades....
— Oh! oh! interrompit madame Dumont,
c'est ainsi qu'il se nomme! Il était la lui! C'est
bien singulier qu'il ait reçu en naissant un
nom qui peint tous les talens qu'il devait réunir! Cette objection n'avait pas été prévue
dans le rôle; l'actrice s'efforça d'y suppléer.
Ce n'est là non plus qu'un surnom, répliqua-
t-elle, son véritable nom est Agitantin. — Ma
foi, il n'était pas encore trop mal nommé, re-

partit madame Dumont. — Dites donc au moins, chère miss, *il signor Agitantini*, ajouta mademoiselle Rose ; mais nous ne cessons de vous interrompre : de grâce, poursuivez votre intéressante histoire.

» Il faut vous dire auparavant, continua notre actrice, qui attendait impatiemment que l'auteur fît baisser la toile, que restée dans une cruelle anxiété sur le sort de mon cher Fidélistan, on usait pour m'accabler d'un raffinement de cruauté que vous aurez peine à concevoir. Toutes les nuits j'entendais les cris plaintifs d'un homme qui expire au milieu des tourmens ; je distinguais jusqu'au frottement du fer homicide, jusqu'au léger frémissemént.... Vous n'avez sans doute pas peur des fantômes ? — Non, non, dites avec assurance, répondit madame Dumont d'une voix altérée. Cette altération dans sa voix venait de ce qu'elle entendait un singulier bruit dans le salon ; elle était bien loin de se rappeler qu'elle avait laissé la volière entr'ouverte, et tous les oiseaux étaient épars dans l'appartement. — Dans cette position cruelle, reprit la sultane, j'implorai mon vieux pâtre, j'évoquai son ombre protectrice, qui depuis quelque temps semblait vouloir aussi en m'abandonnant, me punir d'un crime involontaire. Elle se rendit à mes larmes; je l'avais toujours vue se présenter paisiblement, cette fois son approche fut annoncée par un cri effrayant; elle parut accompagnée de quatre autres ombres qu'elle surpassait de toute la tête. Tout s'agita dans l'appartement, les meubles retentirent... (*Ici les oiseaux firent en effet un horrible vacarme.*) Mes rideaux s'ouvrirent avec fracas; j'aperçus dans l'obscurité tous ces spectres me regardant avec des yeux étincelans; ils étendaient vers moi leurs mains décharnées; un coup terrible.....—Ah! s'écria mademoiselle Rose, quelle situation romantique et délicieuse! Chère miss, ayez pitié de ma faiblesse, je n'y tiens plus.

Madame Dumont tremblait au point que tout son fauteuil en était agité. Eh bien! Eh bien! demandait-elle d'une voix oppressée, et Solsirépifpan?..—Parlons maintenant de lui, reprit la sultane; ceci est digne de toute votre attention.... Mais, mesdames, s'interrompit-elle tout-à-coup, n'est-ce pas une flamme que je vois briller de l'autre côté de la place, dans l'appartement tout vis-à-vis?

—Ah! mon Dieu, s'écrie mademoiselle Rose; madame Dumont, tenez, c'est chez lui; le vieux fou est de retour et tout en arrivant il aura fait quelque malheur; Dieu! sa croisée est embrasée!.. A ce mot de croisée, madame Dumont se rappelle que la sienne est ouverte ainsi que la volière, et se précipite dans le salon. Son approche subite effarouche deux serins qui s'envolent sur la place: de l'autre côté on criait *au feu !* et la voilà sur son balcon répétant: *au secours ! mes oiseaux !*.. Les passans ne savaient plus auquel entendre.

Mademoiselle Rose et la chère miss sont descendues précipitamment. A leur arrivée sur la place, la scène a changé. Le feu n'était pas chez M. Orgont; une expérience de physique a donné cette fausse alarme. Les oiseaux, apercevant la flamme, sont revenus par de légers détours à la voix retentissante de madame Dumont. — Remontez, criait celle-ci; venez continuer, nous en sommes à Solsiré-pifpan. » Et tenant la fenêtre entr'ouverte, elle bouillait d'impatience en voyant son amie comme immobile. « Mais viens donc, Rose, se prit-elle à dire de nouveau; tu restes

là comme une momie. » Mademoiselle Rose
se décida enfin à rejoindre madame Dumont;
mais elle pouvait marcher à peine. Il faut bien
dire ici l'aventure étrange qui venait de lui
arriver. Comme elle se retournait avec empressement, un homme en manteau bleu
galonné en or, et remarquable par un emplâtre sur l'œil gauche, tenait la chère miss
entre ses bras ; il a couru la déposer dans une
voiture arrêtée à quelques pas, s'y est précipité après elle, et la voiture a disparu.

La pauvre mademoiselle Rose se traîna chez
elle plus morte que vive. L'histoire rapporte
qu'elle eût été moins saisie si l'événement
lui eût été personnel.—Tout est perdu ! s'écria-
t-elle en entrant. — Mais non, répondit son
amie, depuis une heure je me tue de vous
crier.... — Oui, interrompit mademoiselle
Rose, vous tenez vos oiseaux, et miss est
partie !.. Se jetant alors sur le canapé, elle
donna les détails de l'enlèvement et surtout
le signalement du ravisseur. Madame Dumont n'en pouvait revenir et voulait que son
amie rêvât. Par exemple voilà qui est fort !
disait-elle. Quoi, précisément au moment
où elle allait enfin nous parler de Solsiré-

pifpan. En vérité, chère Rose, tu as commis là une grande imprudence en laissant descendre la sultane, tu devais te méfier d'une surprise; oui, tu as eu tort, très-tort, sans doute Terribiliformoud est à Paris; mais raconte-moi donc bien toute cette étrange aventure. Mademoiselle Rose ne cessait d'en rapporter toutes les circonstances, car son amie voulait toujours qu'elle eût eu le plus grand tort, et deux heures au moins se passèrent dans ces altercations. Mais, chère madame Dumont, disait-elle, remontez donc à la source de cet événement; pesez ici jusqu'aux moindres choses, et vous verrez s'il n'était pas au-dessus de toute puissance humaine d'éviter ce malheur. Il fallait que miss fût enlevée, n'est-ce pas; c'est peut-être pour la vingtième fois, mais enfin, il le fallait : or, j'oublie de fermer la fenêtre, vous de fermer la cage; miss nous parle de fantômes : j'admire, vous tremblez; il faut précisément que ce vieux fou de M. Orgont soit revenu de la campagne pour faire une expérience de physique; on crie au feu, vous vous levez, je me lève... —Bon, bon, interrompit madame Dumont, dis tout ce que tu voudras, tu as tort; c'est comme l'autre jour pour le voisin, tu n'as pas bien fait. Crois-tu que s'il le voulait, il ne ferait pas bien un roman, et qui vaudrait au moins l'histoire de la sultane; car après tout, en savons-nous plus maintenant que nous n'en avions appris par la romance ? Nous en sommes toujours au même point, nous ignorons encore comment elle échappa au supplice; elle allait enfin nous parler du Musicien des Promenades... crac, la voilà enlevée; tu m'a-voueras, chère Rose..... Celle-ci poussa un long soupir et s'écria enfin : cruelle amie, vous voulez donc m'accabler! — Non certes, reprit madame Dumont, mais écoute, le temps passe, nous ne saurons plus rien; puisque M. Orgont est de retour, je vais tout bonnement l'inviter à venir passer la soirée avec nous... Eh ! poursuivit-elle, en changeant de ton (depuis quelques minutes elle regardait au travers des carreaux), qu'aper-çois-je donc sur la place? tiens, Rose, regarde, toi qui as meilleure vue que moi.

Mademoiselle Rose s'empresse de regarder. Ceci était sérieux, car il ne s'agissait de rien moins que de crier *à la garde*. Ces dames remarquaient sur la place un homme en manteau

bleu et portant un emplâtre sur l'œil gauche;
c'était un marchand de poudre pour les
dents. — J'espère, dit madame Dumont, que
tu as rêvé; car miss n'eût sans doute pas été
enlevée par un escamoteur. — Je vous proteste, répartit mademoiselle Rose, que c'est
lui, et bien lui-même; ah, le misérable! je
ne m'étonne plus si elle a été enlevée aussi
subtilement: vengeance!.. madame Dumont,
vous le voyez maintenant, si tout ceci est digne de notre attention! Mais, comment faire?
Crions... — Non, non, il s'enfuira; écoute...
— Mais, si j'écoute, il peut partir....

Les deux amies en étaient là, et madame
Dumont elle-même, oubliant son voisin, ne
songeait plus qu'à la singularité de cette nouvelle aventure, quand tout-à-coup le marchand de poudre, quittant ses spectateurs,
s'avance de leur côté. — Eh! mon Dieu, s'écrie
madame Dumont, je crois qu'il vient ici, nous
sommes perdues! — Perdues! répond mademoiselle Rose, n'ayez pas peur; ne voyez-
vous pas que l'infortunée aura supplié le barbare de venir au moins nous donner de ses
nouvelles.... Mais c'est ici qu'il faut montrer
de la tête, laissez-moi faire.

On sonne en effet et l'escamoteur est annoncé. On le fait entrer. Mademoiselle Rose sort aussitôt, prévient Marie et Catherine, afin qu'en cas de danger elles se tiennent prêtes à accourir, revient, ferme les portes, et toisant des yeux l'inconnu, s'écrie d'un ton solennel : *Barbare ravisseur, qui êtes-vous?* Celui-ci veut balbutier une réponse : la sultane m'a chargé, dit-il...—Point de détours, reprend mademoiselle Rose, qui êtes-vous? où avez-vous conduit la chère miss?..—Non, point de détours, s'écrie alors madame Dumont, qui se rassurait en le voyant trembler; répondez ou sinon.

L'inconnu répond que la sultane est en ce moment à Paris même chez l'ambassadeur des Kirguis; que coupable en apparence, il n'a pourtant fait qu'agir en faveur de l'infortunée. Quoi! poursuit-il, me jugeriez-vous capable de l'avoir perfidement livrée à ses ennemis! Échappé moi-même à leur fureur, je vivais ici ignoré; j'apprends que le Sultan a découvert que la belle captive était à Paris, et qu'il a envoyé des émissaires pour la saisir. J'oublie mon propre danger. Je vole chez son Excellence; je l'implore pour l'infortunée ; je parviens à l'attendrir. Ce ministre craignait de se compromettre, mais enfin il avise un moyen conciliateur. « Remettez-la vous-même, me dit-il, en mon pouvoir ; faites-vous l'un et l'autre mes prisonniers.... je m'empresserai d'informer le sultan de cette marque de confiance en sa générosité, c'est le seul moyen de le calmer. » Je n'ai pas hésité de suivre cet avis plein de bienveillance ; et ce jour est le dernier où moi-même je dois jouir de ma liberté. Demain je me rends prisonnier.

Cette explication de la part de l'inconnu avait bien changé les dispositions de ces dames. Un tendre intérêt avait succédé à l'indignation ; elles s'épuisèrent en excuses, en doléances. Ce qui fixait surtout leur attention, c'est qu'elles lui trouvaient une extrême ressemblance avec la chère miss ; c'était jusqu'au même son de voix. Mais qui êtes-vous donc, généreux étranger, demanda enfin mademoiselle Rose, vous dont les traits ont tant de rapport avec ceux qui nous sont chers ? vous qui montrez tant d'attachement pour la pauvre miss ? — Qui je suis ! répond l'inconnu ; vous voyez.... Fidélistan.

II.   18

LES DEUX AMIES.

Fidélistan !....

Madame Dumont s'est levée. Mademoiselle Rose a couru découvrir un fauteuil garni en soie, et l'a présenté au prince qui l'a reçu avec un salut plein de grâce et de dignité, et a refusé de s'asseoir avant ces dames.

On observait un silence respectueux. Mademoiselle Rose qui se tenait fort droite dans son fauteuil, sentait pourtant le besoin de renouer la conversation ; mais une grande difficulté l'arrêtait : elle ne savait quel titre d'honneur appartenait à un prince kirguis. Madame Dumont voulut entrer en lice et le fit si inconsidérément qu'elle fut obligée de s'arrêter dès les premiers pas. Sublime pacha, dit mademoiselle Rose, l'illustrissime miss nous a parlé du fils du sultan comme d'un prince vertueux.... Ah ! sans doute vous étiez nés pour vous aimer. Une tendre sympathie devait unir vos âmes, puisque la nature s'était plue à mettre tant de ressemblance dans vos traits ! Oserions-nous supplier votre hautesse kirguise.... — Oh ! de grâce, interrompit Fidélistan, point de contrainte avec moi.

Vous me trouvez donc beaucoup de ressemblance avec la sultane? Les amies s'écrièrent
que c'était à s'y méprendre. Ce serait bien
autre chose, reprit le prince, si je pouvais
quitter ce malheureux emplâtre. J'ai à cet
œil une horrible inflammation qui me vient
d'avoir approché trop près des astres. — Quoi!
aussi vous avez....., interrompit mademoiselle
Rose, en vérité il y a entre vous et miss, en
tout une analogie... Nous en conjurons votre
hautesse! se refusera-t-elle à nous continuer
le récit de tant d'événemens incompréhensi-
bles, qui pour vous être souvent communs à
tous deux, ne nous en inspirent qu'un plus
grand intérêt? — Je le ferai volontiers, répondit le prince; mais permettez qu'avant tout,
j'aille enlever ma table et mes gobelets que
j'ai laissés sur la place.... Mademoiselle Rose
le retint et le fit consentir à ce qu'elle donnât
des ordres pour les faire apporter. Elle sortit
donc et rentra aussitôt. Vous trouverez peut-
être étrange, reprit Fidélistan, qu'un prince
kirguis se trouve ici marchand de poudre pour
les dents; mais la sultane y était bien chanteuse... — Sans doute, sans doute, répliqua
ici madame Dumont, l'un n'est pas plus éton-

nant que l'autre. Prince, ajouta-t-elle, nous en étions restés à Solsirépifpan.—En ce cas, dit le malin personnage, qui voulait lui faire un peu désirer les détails qu'elle attendait avec le plus d'impatience, vous en étiez au moment où j'arrivai ; et il se mit à leur conter mille particularités qui n'avaient aucun rapport à ce qu'elles demandaient. Mademoiselle Rose qui n'osait interrompre ouvertement, s'épuisait en monosyllabes ; madame Dumont s'agitait dans son fauteuil. Elle n'y put tenir enfin, et s'écria : prince, je vous supplie de m'excuser, mais vous nous avez croqué au moins la moitié du récit ; nous en étions au moment où vous veniez, miss et vous, d'être pris en flagrant délit et où vous deviez périr sous trois jours. C'est autre chose ! répondit Fidélistan. Que ne le disiez-vous donc plus tôt. Il leur fit de nombreuses excuses et parla ainsi :

« Puisque dans le récit de l'adorable miss (car il paraît que ce titre est ici le plus honorable que l'on puisse donner à la vertu et à la beauté) vous en étiez à la première fois qu'elle dut vous parler de Solsirépifpan, vous saurez que les talens de ce musicien se bornaient encore à pincer de la harpe, tandis que son amie, nommée *Momiette*, mariait sa voix à ses tendres accords. Il fut vanté au sultan qui voulut l'entendre. Vous connaissez le pouvoir de l'harmonie; trois fois les sons ravissans du harpiste attendrirent tellement le cœur de mon père, que dans son enthousiasme enfin, il déclara que la sultane ne mourrait pas tant qu'elle serait enceinte et en signa même la résolution, de manière à n'y pouvoir revenir. Malheureusement le musicien eut une indisposition : le cœur du sultan se rendurcit; mon père se repentit de sa sensibilité, s'en prit au moderne Orphée, et le fit jeter, ainsi que sa Momiette, dans le cachot de Misalabrouck.

Vous savez la cruelle incertitude que la sultane éprouvait sur mon sort. Le sursis ne s'étendait pas jusqu'à moi et je m'attendais à chaque instant à périr. La mort ne m'effrayait pas, mais l'idée que celle de miss n'était que différée, m'accablait. Je me sentis soudain attaqué d'une fièvre ardente, car j'étais dans un cachot humide et malsain. Au bout de vingt-quatre heures, je tombai dans une si grande faiblesse que ceux qui m'entouraient crurent que j'avais cessé d'exister. Il paraît que j'eus un sommeil léthargique assez long; lorsque je revins à moi, on me dit que j'étais au pays des Kalmouks. Quelques serviteurs fidèles avaient voulu me sauver mort ou vif. Les bons soins qui me furent prodigués me rendirent bientôt la santé. Cependant je ne cessais de penser au surcroît de péril que ma disparition allait causer à la belle prisonnière. En effet, le sultan ayant appris que je lui étais échappé, inventa les moyens les plus cruels pour tourmenter la victime qui lui restait. Pour comble de malheur, à son sixième mois, elle fit une fausse couche. Cette nouvelle remplit le sultan d'une joie barbare; il ordonna aussitôt que l'on fît les apprêts du supplice. J'ignorais ce funeste événement et comptais encore sur trois mois de sécurité : l'infortunée était sans défenseurs; tous nos amis étaient dans les fers... Il fallait un miracle pour la délivrer.

» Ce miracle arriva. Le bûcher était dressé, le peuple accourait de toutes parts; une nombreuse escorte entourait la prisonnière; l'infortuné, le vénérable Misalabrouck s'avançait à côté d'elle et devait mourir à ma place... Le sultan avait voulu être présent à ce cruel

spectacle et était assis sur un vaste amphi-
théâtre au milieu de toute sa cour. Déjà on
allumait les torches fatales. ...

» Tout-à-coup on entend s'élever du sein
de la foule, non les accords faibles, et déjà
si puissans, d'une harpe; mais la bruyante
harmonie de tout un orchestre que le tambourin, des cymbales et des sonnettes accom-
pagnent. A cette mélodie, les spectateurs res-
tent immobiles, les soldats laissent tomber
leurs armes. L'orchestre redouble : le sultan
s'évanouit et le bûcher s'écroule.

» Tout cet orchestre, mesdames, était animé
par un seul homme; c'était Solsirépifpan. Sa
captivité n'avait fait qu'enflammer son imagination, accroître son zèle pour nous servir;
et d'ailleurs, il fallait qu'il songeât à se délivrer lui-même. Rêvant à l'effet que sa harpe
seule avait produit, il avait senti tout ce qu'il
pourrait opérer par une complication d'harmonie. On le voyait bien sans cesse travailler à un tambourin, réunir deux petites flûtes
et placer au bout la petite cheville dont vous
savez qu'il se sert pour frapper les bourdons
de sa harpe; on le voyait bien encore retourner des pincettes et les clouer sur un esca-

beau; mais on ne pouvait deviner son dessein. Au premier essai qu'il fit de son travail, les portes de la prison s'ouvrirent et le geôlier tomba à la renverse.

» Je puis vous dire maintenant l'ordre qu'il avait établi dans les partitions. Voici comment tous les cahiers étaient étiquetés :

Main droite, et la petite cheville qui se trouve au bout de la double flûte. *Arpa.*

Les joues, les lèvres et la main gauche. *Flauto o Zuffolo primo e secundo.*

Le pied droit armé d'un tampon. *Tamburrino.*

Le pied gauche tenant à une petite ficelle. *Cimbali, sonnglj.*

Le chapeau, la tête et le corps. *Chi butte la battuta.*

» Tel fut donc le prodige opéré par le pouvoir de l'harmonie, et la voix de Momiette y contribuait aussi. Cependant il était à craindre que Solsirépifpan n'épuisât ses forces et alors nos ennemis eussent recouvré les leurs. Un second prodige acheva le dénouement et va vous prouver combien il est vrai que les extrêmes se touchent, car la fin de ces aventures ressemblera un peu au commencement. Tandis que tout était plongé dans une stupeur

générale, une voiture aérienne apparaît; elle
avance, elle descend, touche la terre; un
homme s'en est élancé, il y place la sultane
et Misalabrouck; Solsirépifpan s'y précipite
avec sa Momiette et tout son orchestre; et
le char guidé par la même main, reprend la
route des airs. Or, mesdames, ce voyageur
aérien, c'était moi. »

Ici les deux amies ne purent s'empêcher
de faire un cri de satisfaction. Prince, dit mademoiselle Rose, que je suis donc soulagée!
Mais où aviez-vous donc fait la découverte
d'un ballon?

« Ce char, reprit Fidélistan, me vint d'un
Français que je trouvai un jour dans les montagnes d'Aksu, où il s'était fait une cabane.
Ce voyageur était physicien; peut-être avait-il
aussi été escamoteur, car si je me flatte de
quelque talent dans l'art de jouer des gobelets, c'est de lui que je le tiens. Il joignit à
cette science qu'il me communiqua, plusieurs
tours d'adresse et de combinaisons mathématiques qui m'ont beaucoup servi dans la
suite. Il m'apprit à faire passer un anneau
dans une jarretière, à faire fondre une pièce
d'argent dans le coin d'un mouchoir, à devi-

ner la pensée par certains nombres donnés,
à faire paraître une société dans l'eau jusqu'à
la ceinture, et mille autres subtilités que je
pourrais sur-le-champ exécuter devant vous.
Cet infortuné avait mis plusieurs années à faire
cette voiture, espérant qu'elle le rendrait à
sa patrie; il n'eut pas la douceur d'en jouir :
à peine fut-elle achevée que la joie d'avoir
réussi l'emporta en vingt-quatre heures dans
l'autre monde. Comme je n'avais d'autre ressource que de soulever une horde de Kalmouks contre les Kirguis, et que je répugnais
à paraître en ennemi devant ma patrie et
mon père, la mort du voyageur m'inspira
l'idée de me servir du ballon pour délivrer
ma chère sultane, et vous avez vu combien
j'arrivai à propos.

« Notre première direction ne nous con-
duisit pourtant pas vers vos contrées. Nous
fûmes au contraire emportés vers la Chine et
nous descendîmes dans la province de Léao-
tong à Dschecho où précisément l'empereur
passait l'été. Nous fûmes aussitôt présentés à
S. M. qui prit beaucoup d'intérêt à nos malheurs et nous fit placer à sa gauche, ce qui
est un signe d'honneur parce que cet empe-

reur est gaucher... (Ici mademoiselle Rose allait précipitamment questionner le prince, mais elle n'osa.) Solsirépifpan surtout lui plut beaucoup ; mais tandis que celui-ci par ses accords charmait l'empereur et sa cour, un mandarin s'avisa d'en vouloir conter à Momiette. Le musicien, né jaloux, coiffa son rival avec son tambourin, qui se crevant de part en part sur la tête du Chinois, lui entra jusqu'à la ceinture. Ah! ah! interrompit madame Dumont, ne serait-ce pas là le Joueur de Serinette?—Cela pourrait bien être, reprit Fidélistan. C'était, continua-t-il, un acte d'hostilité. Nous n'eûmes que le temps de nous jéter dans notre voiture et de nous perdre dans les airs. Notre nouvelle course fut de plus longue haleine. Nous nous étions élevés avec une telle rapidité que nous nous vîmes en un clin d'œil arrivés à une hauteur étonnante et à laquelle aucun aéronaute n'était encore parvenu : nous n'étions plus qu'à une portée de fusil de la région du feu. Nous étions tout en nage et nous tremblions que notre ballon ne s'embrasât ; heureusement il fut tout-à-coup accroché par un tourbillon qui l'emporta avec la promptitude de l'éclair à une distance incommensurable, et lui imprimant avec force un mouvement rétroactif vers la terre dont il s'éloignait, le fit rentrer dans notre atmosphère. Nous fûmes trois jours et trois nuits à descendre perpendiculairement; au bout de ce temps notre char s'abattit aux environs de Bordeaux. Vous voyez que nous avions fait du chemin.

» Le merveilleux d'un tel voyage ne vous fait pas oublier que j'étais réuni à ma chère sultane, et vous me croyez enfin au comble de tous mes vœux puisque je me voyais avec elle en pays étranger. Hélas! admirez la différence des effets produits par les mêmes causes dans les différens pays : une peur l'avait rendue enceinte chez les Kirguis, une peur l'empêcha de le devenir chez les Français. (Ici ces dames éprouvèrent une petite toux sèche qui eut beaucoup de peine à s'apaiser.) Fidélistan, me dit-elle, l'impétuosité de vos sentimens me raffermit encore dans la résolution que j'ai prise; séparons-nous, il le faut; jetée depuis mon enfance d'aventures en aventures, c'est par vous que de toutes manières j'en suis quitte pour la peur; ma main et une grande fortune seront sans doute un jour votre récompense, mais jusqu'au moment où reconnue de ma famille et rentrée dans mes biens, je pourrai m'unir à vous par un lien indissoluble, n'espérez pas... Elle ne put achever, me serra la main, cachant quelques larmes, et me quitta. Misalabrouck et Solsirépifpan qui l'accompagnaient pleurèrent aussi en m'embrassant. Momiette essaya de me consoler et me conseilla de faire mon tour de France. Je la remerciai beaucoup de cet avis, et après les avoir suivis long-temps des yeux, comme ils prenaient la route de Paris, je pris enfin celle de Marseille....

» Un aimant irrésistible m'attirait vers la capitale : je tardai peu à m'y rendre. J'ignorai long-temps ce qu'était devenue celle qui occupait toute ma pensée, mais dès le premier jour je retrouvai Misalabrouck, Solsirépifpan et son amie. Ils avaient, ainsi que moi, pris le costume français ; le premier, comme vous le savez peut-être, était réduit à implorer la commisération publique, une tasse à la main. Quant au musicien et à son amie, ils n'étaient pas malheureux. Les talens de Solsirépifpan ne sont pas moins puissans sur les bords de la Seine qu'ils le furent sur ceux du Jaïk, et c'est

au son de l'orchestre qu'il anime à lui seul,
que s'élèvent les superbes colonnades du Louvre. Momiette seconde dignement le nouvel
Amphion. Vous serez sans doute bien aises
d'entendre leur romance favorite.... — Oh!
nous la connaissons, interrompit madame
Dumont, et nous en savons même l'air. Le
prince reprit : la voici donc avec des variantes
qui sans doute vous sont inconnues. Et il parodia le couplet en le chantant de la manière
suivante :

> Malgré notre misère,
> Par l'exemple séduit,.
> Je voudrais, pour vous plaire,
> Faire encor plus de bruit.
> Agréez mon tapage,
> Sensibles amateurs !
> Et sans vous mettre en nage,
> Soyez nos bienfaiteurs.

Fidélistan n'eut pas plutôt achevé ce majeur, qu'imitant le musicien qui exécute aussitôt le mineur sur son flageolet, il poursuivit
par un petit sifflement à notes pressées et
détachées et arriva en se démenant et sans
reprendre haleine, à une cadence perlée.
Alors, comme ne quittant point son instru-

ment et prêt à accompagner la reprise, il fit un grand coup de tête en regardant ces dames, qui d'un mouvement spontané se mirent à chanter, mademoiselle Rose en haute-contre et madame Dumont en basse-taille, tandis que son sifflement forma le chant, tantôt à notes simples, tantôt à notes doubles, tantôt à trois pour deux ; il semblait en outre y joindre tous les autres accompagnemens. Aux dernières mesures enfin, il fit des notes quadruples, des coulées de toute une octave, et y alla en même temps de la tête, du corps, des mains et des pieds, avec une telle ardeur et un tel bruit, que Marie et Catherine, qui ne savaient plus qu'en penser, accoururent à une porte vitrée et restèrent en extase en considérant ce tableau....

Je ne suis pas moins étonné moi-même, et commence à me repentir d'avoir inséré dans mes fastes cette histoire étrange, dont l'inconcevable folie compromet à chaque instant ma gravité. Toutefois achevons puisque nous avons commencé.

Fidélistan n'en pouvait plus après le concert. De leur côté ces dames étaient toutes confuses de l'enthousiasme qui les avait tout-

à-coup entraînées à faire entendre leur voix.
Le prince les félicita tout essoufflé, et reprit :
« A dater de demain, Misalabrouck, Solsirépifpan et Momiette seront pensionnés de
l'ambassadeur, et ne paraîtront plus en public.
Pour moi, vous savez quels furent mes moyens
d'existence. Le corail que vous voyez, et dont
il ne me reste plus que ces six boîtes, n'est pas
cette poudre pernicieuse aux gencives, que
vendent une foule de charlatans ; c'est une
espèce de limon aromatique que j'ai moi-
même recueilli sur les bords du lac Ural, et
que se disputent les belles Kirguises ; c'est
le véritable conservateur des dents. Chaque
boîte, si l'on appréciait justement ce qu'elle
renferme, vaudrait un louis ; cependant le
public est si peu connaisseur que j'ai eu bien
de la peine à les vendre deux sols. » Ces dames
examinèrent la poudre avec une admiration
respectueuse. — Prince, dit mademoiselle
Rose, permettez-nous de vous enlever ces
six dernières boîtes.... non au prix que vous
les vendez, ajouta-t-elle, mais au prix qu'elles
devraient être vendues. Madame Dumont
ne dit mot, mais elle craignit tellement que
la proposition ne fût pas acceptée, qu'une

des boîtes manqua lui échapper des mains.
Fidélistan, confus de tant de générosité, les
supplia d'accepter ce présent comme une
marque de la reconnaissance d'un prince
kirguis envers deux Françaises si aimables et
si compâtissantes. Achevant ces mots, il se
leva. — Quoi! prince, s'écrièrent les deux
amies, vous allez déjà nous quitter! On commençait à bannir une triste contrainte. Le
beau Fidélistan fut complimenté, on le re-
mercia beaucoup de la bonté qu'il avait eue
de faire ce récit intéressant. Mademoiselle
Rose loua son amabilité, sa gaîté, la douceur
de sa voix et même sa jolie figure. Madame
Dumont craignit que sa poitrine ne fût fati-
guée et osa lui offrir un petit verre de cacis,
ce qu'il refusa pourtant, mais avec infiniment de grâce. Ah! prince, dit mademoiselle
Rose, vous allez donc être prisonnier!.. Mais
ne pourrions-nous vous aller visiter? Ne pourrions-nous aussi voir la pauvre miss?.. Si
même nous adressions une requête au sultan...
— Vous le pouvez, mesdames, répondit Fidélistan; demain à pareille heure, si vous dai-
gnez vous présenter, je me fais fort d'obtenir
de l'ambassadeur.... — Nous irons! nous irons!

interrompit madame Dumont, oui certes, nous irons ; cette pauvre enfant ! Mademoiselle Rose était émue aux larmes, et ne pouvait prononcer un seul mot. Le prince leur indiqua où il fallait se rendre et se disposa à partir.

Ces dames ne se contentèrent pas de le reconduire ; elles voulurent l'accompagner assez loin. Il mit ses gobelets dans ses poches, et s'obstina à porter lui-même sa table sous son bras. Les amies, descendues avec lui, traversèrent la place à ses côtés, marquant dans leur maintien et leur conversation une grande déférence pour le Personnage qui marchait entr'elles. Elles n'oublièrent pas de faire dire les choses les plus tendres à la chère miss, et ne se séparèrent du prince qu'après lui avoir fait chacune une triple révérence.

Comme on le suivit alors des yeux, on remarqua que, pour un homme qui avait une table sous le bras, et dans ses poches des gobelets qui lui battaient sur les jarrets, il avait une tournure encore fort agréable. On ne le perdit de vue que pour continuer de s'entretenir de lui. Mademoiselle Rose ne se lassait pas de vanter son excellent ton, ses manières èt surtout sa courtoisie. — Mais que dites-vous donc, ne cessait-elle de répéter, d'une telle ressemblance avec la chère Alton ?... A propos, mon amie, avez-vous fait attention à un passage de son récit qui m'a beaucoup frappée ?... — Je sais, je sais, interrompit madame Dumont, tu veux parler de l'empereur de la Chine qui les a fait placer à sa gauche ? Eh bien, qu'est-ce que l'empereur de la Chine a de commun avec le grand kan des Tartares ? Oh! monsieur Orgont ne nous en contera pas : tu as bien fait, chère Rose, de le tancer. Mais sais-tu que tu as parlé un peu précipitamment en proposant de prendre chaque boîte à raison d'un louis ! écoute donc, nous ne sommes pas dans une position.... s'il ne s'agissait que de quelques sous, à la bonne heure: Mademoiselle Rose s'excusa en disant qu'elle n'avait pas eu plutôt parlé, qu'elle s'était repentie. Madame Dumont continua : mais dis-moi donc enfin ton sentiment sur une chose qui est un problême pour moi. C'est à cette peur que je ne cesse de songer ! Voyons, qu'en penses-tu ? — Par exemple, répartit mademoiselle Rose, j'aime bien la question que vous me faites là ! il me semble,

madame Dumont, que vous êtes plus que moi
en état d'approfondir ce sujet. Madame Dumont répliqua : en vérité, chère Rose, j'ai
eu des enfans ; mais tu me croiras si tu veux,
je te proteste que c'était sans avoir jamais
éprouvé la moindre peur. Ne serait-ce pas ici
une manière délicate de dire les choses ? car,
s'il t'en souvient, cette peur fut suivie d'un
évanouissement, et ces momens-là... — Oh
oui, interrompit vivement mademoiselle Rose,
ces momens-là sont fort dangereux ! et malheureusement j'y suis bien sujette......

Parlant ainsi, ces dames qui avaient conti-
nué leur promenade, longeaient un des côtés
du Louvre. L'aspect des travaux leur rappela
Solsirépifpan. — Entre nous soit dit, continua
madame Dumont, je crois que le prince et la
chère miss elle-même nous ont souvent parlé
avec un peu d'exagération : tu n'as sans doute
pas cru que les colonnades du Louvre s'éle-
vassent d'elles-mêmes par le seul pouvoir de
l'harmonie ? — Eh mon Dieu, répondit sa compagne, vous me croyez donc bien crédule
et surtout bien peu instruite ; c'est le privi-
lége du style oriental ; c'est ce que l'on nomme
parler par métaphore : le prince ne vous a-t-il

pas cité Amphion lorsqu'aux accords de sa lyre il bâtit la ville de *Trèves?* — Je sais, je sais ma mythologie, reprit madame Dumont, Dieu merci ; mais s'il ne parlait que par métaphore, dis-moi un peu comment au fait les choses seront arrivées ; comment, par exemple, le sultan tomba-t-il évanoui ? comment le bûcher s'écroula-t-il ?... — Allons, madame Dumont, interrompit son amie, n'allez-vous pas croire.......... Mademoiselle Rose s'arrêta un peu embarrassée, et comme en ce moment des machines dérobées à sa vue élevaient des pierres sur les colonnades, ses regards distraits cherchaient involontairement de tous côtés aux environs s'ils n'apercevraient pas l'orchestre merveilleux.

Ces dames se rapprochaient de leur demeure, quand tout-à-coup elles remarquèrent un vieil Aveugle ayant une barbe longue et épaisse. — Ah ! mon Dieu, se dirent-elles réciproquement, voilà Misalabrouck ! Elles s'avancèrent aussitôt et restèrent à le considérer. Il suffit, à Paris, qu'une personne ou deux s'arrêtent pour que tous les passans s'arrêtent également ; en peu de minutes l'Aveugle fut entouré d'une grande foule, qui regardait attentivement sans savoir ce qu'il y avait de remarquable. Les questions ne cessaient de se renouveler. Madame Dumont et mademoiselle Rose répondaient à droite et à gauche : *C'est un pauvre murse caratapalpap; nous le connaissons beaucoup; c'est son noble courage qui l'a réduit à ce triste sort. Heureusement que demain il sera pensionné de l'ambassadeur des* Tirguis. Mademoiselle Rose mit quelques sous dans la tasse de l'Aveugle, et lui dit à mi-voix : *Dieu vous récompense, bon murse! nous allons écrire au sultan et j'espère que vos malheurs finiront avant peu.* La foule restait ébahie. Qu'entendez-vous par un murse caratapalpap? demanda un jeune homme à mademoiselle Rose. Celle-ci eût été fort embarrassée de le dire, mais elle ne se déconcerta point : Comment à votre âge, monsieur, pouvez-vous faire une pareille question? répondit-elle avec dignité ; et prenant aussitôt le bras de son amie, toutes deux s'éloignèrent à grands pas.

Il n'y avait plus de raison pour qu'une erreur si chère dût s'évanouir enfin ; mais le poète-romancier attendait ces dames, assis auprès des petites boîtes de corail ; un seul mot qu'il prononça fut un trait de lumière qui amena le dénouement, et sans doute le lecteur se figure bien ce coup de théâtre : de grands éclats de rire d'un côté ; de l'autre, du dépit, de la fureur, des projets de vengeance... et enfin la proposition d'une partie de piquet. La bonne madame Dumont, après avoir beaucoup ri du tour, assura qu'elle s'en était doutée, et voulut que sa compagne eût tort et très-tort, parce qu'elle avait défié le voisin. On dit pourtant que tout le monde n'approuva pas M. Orgont d'avoir poussé les choses si loin, et qu'il passa pour n'être guère moins fou que ses voisines.

On prétend que le Musicien des Promenades eut connaissance de cette étrange histoire, et que cet ingénieux artiste en tira parti en s'avisant de placer en avant de son orchestre, un petit écriteau sur lequel était tracé en grosses lettres : SOLSIRÉPIFPAN ; nouveauté qui égaya les spectateurs, et lui valut une abondante recette. Je désire sincèrement que la reprise de la pièce lui procure un pareil succès. C'est depuis ce temps, qu'il plaça un pantin au-dessus du groupe de sonnettes. Quelquefois à présent il abandonne

son orchestre pour jouer de la flûte traver-
sière, ou se borne à son flageolet et à sa harpe;
mais cette restriction afflige toujours les spectateurs, qui se disent alors tristement *qu'il
ne bat plus que d'une aile.*

Quant à la véritable histoire de la Chanteuse, elle n'est pas longue. Cette jeune personne avait fui de chez ses parens et s'était
engagée dans une troupe de comédiens. Se
trouvant alors sans emploi et dans la misère,
elle évitait de se faire connaître, dans la
crainte que son état actuel ne lui nuisît par la
suite. Le jeune acteur qui avait joué tous les
rôles, était son amant. M. Orgont les retira
de cette position malheureuse, et les maria le
jour même qu'Alphonse épousa Léontine : ce
second dénouement pallie un peu les défauts
du premier. C'est du Suisse même qui précéda
les époux que je tiens tous ces détails. J'étais
dans la foule, et il eut le malheur que sa hallebarde me donnât sur le pied : il crut ne pouvoir mieux me consoler qu'en me communi-
quant *ine pitite maniscriste* qu'il avait *dans
son poche*; c'était l'aventure en question tra-
cée de sa propre main. Le coup de hallebarde
me valut cette confidence : à quoi tiennent

pourtant les plus heureuses découvertes !

On a vu depuis, plusieurs autres Chanteuses Voilées; mais celles-ci ne se cachaient, dit-on, que parce qu'elles n'étaient pas jolies : nous n'en parlerons pas.

LA CHANTEUSE NON VOILÉE.

C'est évidemment par opposition à la Chanteuse précédente que l'on nomme celle-ci la Chanteuse non Voilée. Sa chanson favorite est *Gusman ne connaît plus d'obstacles*. Elle va de rue en rue et se montre aux passans,

Belle de son enfant à son sein suspendu.

LE MUSICIEN HARMONIQUE.

Quelques verres placés sur une petite table, et remplis d'eau, composent l'orchestre de ce virtuose. Il en frotte légèrement les bords, et tout le monde jouit de l'Harmonica : c'est un petit Mesmer. On ne dit pas qu'il ait encore produit des sensations trop vives.

LE MUSICIEN SANS ORCHESTRE.

A bien prendre, ce Musicien n'est pas sans avoir aussi son orchestre, mais il peut le porter partout avec lui sans que ses instrumens l'embarrassent. Il produit de l'harmonie en faisant claquer ses doigts ; il en donne avec sa bouche, avec ses coudes, avec ses genoux, et avec ses pieds : c'est le vrai singe du Musicien des Promenades.

LE DISLOQUÉ.

Auteur d'une nouvelle danse à caractère qu'il exécute, les jambes pliées en arrière et appliquées à son cou. Il se transforme ensuite en motte de terre pour aller à la chasse ; son corps et tous ses membres ne formant plus qu'une boule, il imite le bruit d'un coup de fusil et se met à rouler, comme courant à la recherche de la pièce de gibier que l'arme a dû abattre. Dans cette situation, il casse un noyau de pêche et aplatit une balle de plomb avec son derrière, dont il se sert en ce moment avec autant de succès, qu'un paveur de la pièce de bois ronde et ferrée avec laquelle il enfonce les pavés. C'est ordinairement le soir et presque toujours dans la Cour-des-Fontaines, près du Palais du Tribunat, que l'on voit ce Personnage; une grande quantité de bougies allumées est placée en cercle autour de lui. J'ignore s'il eut un modèle, mais il est certainement sans rival.

GOMARD.

M. Gomard est un tireur de cartes justement estimé. Je pourrais me contenter d'avoir ainsi d'un seul mot rendu justice à son talent, mais je veux la rendre également à son bon cœur. Il en fut la dupe un jour. Voici une aventure qui lui arriva rue de la Bibliothèque, ci-devant Champ-Fleuri, aventure dont je fus le témoin.

Un charretier ivre menaçait la multitude, Son fouet lui est arraché et jeté au loin. Gomard s'avançait, vêtu de noir, la perruque bien peignée et la canne à la main : il ramasse le fouet et vient, avec la gravité d'un sage, le présenter à celui qu'on en a dépouillé. Mais

qui pourra croire à un tel excès d'ingratitude!
le charretier n'a pas plutôt recouvré son arme,
qu'il en donne un grand coup sur la figure de
celui-là même qui a eu la générosité de la lui
rendre. Une lutte terrible suivit cette brutalité, les champions roulèrent dans les eaux
bourbeuses et stagnantes de cette rue. Le
charretier coucha à la Préfecture; mais l'obligeant Gomard, en outre de plusieurs
meurtrisures qu'il avait reçues, revint sans
canne, presque sans perruque, et son habit
tout couvert de fange. On assure que rentré
chez lui, notre interprète des arrêts du destin,
contemplant son jeu de cartes, répéta douloureusement ces paroles du prince troyen:

Nec vates...., quàm multa horrenda moneret,
Hos mihi prædixit luctus! . . . .

« O Destin! toi qui m'as souvent révélé tant de grands
événemens, tu ne m'avais pas prédit tous ces malheurs! »

LE PAILLASSE BEL-ESPRIT.

Le Paillasse Bel-Esprit a une petite fille de
quatre ans dont le père et la mère étaient

âgés de quatre ans ; la petite a aussi quatre
ans , elle est mariée depuis quatre ans , est
mère de quatre enfans , lesquels sont également comme elle âgés de quatre ans.

Paillasse ne se borne pas ici à faire montre
d'esprit, il fait aussi preuve d'une force extraordinaire, au moins dans les mâchoires,
car il soulève avec ses dents une table qui
supporte quatre personnes. Tout va par quatre
avec lui : n'est-il pas accoutumé, pour plaire,
à se mettre lui-même en quatre ?

QUAT', QUAT', QUAT', QUAT',
UN SOU QUAT'.

En voici encore un qui y va par quatre ;
mais il ne s'agit ici que de quatre échaudés
qu'il donne pour un sou. Le cri de ce Personnage est tout ce qui le distingue ; ce n'en
est pas moins dans son genre un *inventeur.*

LA MARCHANDE DE CURE-DENTS.

Poète et musicienne, n'annonçant tout ce
qu'elle vend que par un petit couplet dont

elle-même a fait l'air et les paroles. Je devrais déjà peut-être avoir recours aux notes de musique, mais je ne veux user de cette ressource qu'à la dernière extrémité. Figurez-vous donc que vous entendez chanter d'une petite voix tremblottante :

> Des cure-oreilles, des passe-lacet,
> D'jolis étuis, mesdames,
> Achetez-moi quelque chose, s'il vous plaît.

Mineur.

> Des brosses à dents,
> Des cure-oreilles
> Et des cure-dents.

Reprise du majeur.

> Des cure-oreilles, des passe-lacet, etc.

C'est, dit-on, une haute infortune qui a réduit cette virtuose à vendre des cure-dents.

LA MARCHANDE D'AMADOU.

C'EST une grosse mère toujours réjouie, toujours chantante. La principale cause de sa grande célébrité est son goût particulier pour les contrastes : comme sa large figure est toute noire, ainsi que ses mains et ses vêtemens, elle est toujours coiffée d'un chapeau très à la mode, de satin ou de taffetas blanc. Ainsi parée, elle s'en va : *La v'là, mes enfans, la Marchand' d'amadou.*

LE MARCHAND DE PETITS PAINS.

Ce nouveau Personnage chantant n'est que poëte ; l'air sur lequel il annonce ses petits pains est, je crois, de la pièce des *Vendangeurs* ou de quelque autre petit opéra du même temps ; mais combien il aura tout-à-l'heure d'autres droits à nous intéresser ! Citons d'abord le couplet qui est de sa composition. Le lecteur y verra un défaut de rimes : je le préviens que très-souvent nos Personnages font à dessein usage des vers blancs.

> Accourez, jeunes fillettes,
> J'ai de quoi vous contenter ;
> Si vous ne voulez descendre,
> Fait'-moi signe de monter.....
>
> Ils sont au beurre et aux œufs,
> Mes p'tits pains,
> Ils sont au beurre et aux œufs,
> Qu'est-c' qu'en veut.

Ce Boulanger ambulant fut le premier qui s'avisa de chanter ses petits pains, au lieu de les crier. Cette nouveauté le rendit bientôt célèbre, mais ce fut aussi bientôt à qui l'imiterait. Tous avaient le droit de s'annoncer comme lui par un couplet de leur composition ; un de ses confrères n'eut-il pas l'indignité de lui voler le sien mot pour mot ! Le larron fut cité en justice ; le propriétaire dépouillé, plein de confiance en l'équité du tribunal, eut l'espoir de recouvrer son bien avec dommages et intérêts, mais une douleur trop vive avait froissé son âme sensible, le coup était porté... Le dirai-je enfin ? ce Personnage que je place ici parmi les vivans, n'est cependant plus de leur nombre : il mourut de chagrin.

LA MARCHANDE DE PETITS PAINS, ET UN SECOND BOULANGER AMBULANT.

CELLE-CI répète tous les matins, d'une voix aigrelette, le couplet composé par le Personnage précédent ; mais c'est maintenant un hommage rendu à sa mémoire : elle ne le chanta point de son vivant; et les productions des auteurs dans les rues de Paris appartiennent au public le jour même de leur mort.

Je ne dirai pas précisément si le second MARCHAND DE PETITS PAINS que je cite ici est le larron en question. Je le croirais assez à sa voix rauque et mal assurée; son regard même (car je l'ai souvent considéré de près) m'a semblé ne pas annoncer une conscience poétique bien nette. Je puis me tromper, mais s'il est coupable, qu'il tremble le malheureux! un tel crime ne peut rester impuni : à quelque moment les Harpies se précipiteront sur son panier et enleveront tous ses petits pains.

L'après-midi, on le voit, en habit de Paillasse, vendre des échaudés en criant, *Quat', quat', quat', un sou quat'* : ce personnage est terrible pour s'approprier toutes les heureuses inventions. Il semble pourtant qu'il commence à éprouver des remords, car on l'entend quelquefois à présent annoncer ses petits pains par un couplet nouveau sur l'air d'un *Noël*.

MADELEINE.

JE nomme cette femme célèbre, et cela pourrait suffire : qui ne connaît Madeleine, la marchande de gâteaux de Nanterre! Toute sa personne est si remarquable, qu'elle-même, s'il arrive à quelqu'un de la regarder avec un peu d'attention, elle lui dit aussitôt : *Eh bien! quoi? c'est bien moi, c'est Madeleine; allez, mon enfant, je suis connue dans tout Paris.*

Madeleine a été représentée sur plusieurs théâtres; des poètes lui ont adressé des couplets charmans, même dés madrigaux; son portrait se voit à presque tous les cadres d'échantillons des peintres en miniature du Palais du Tribunat *; son nom enfin a brillé en toutes lettres affiché sur les murs de Paris. Madeleine ne s'est pas toujours bornée à vendre des gâteaux. Dévorée du noble dé-

---

* Je citerai le cadre d'échantillons de M. MAIGNEN, galerie de Foy, n°. 72, près le café Alexandre. Madeleine y est représentée en pied, son panier à son bras. Elle fait partie d'un groupe de Personnages célèbres, tels qu'un Chanteur aveugle, la Marchande d'amadou, l'Homme à la Perruche, et autres.

sir de former quelque établissement public d'une utilité reconnue, elle fit un jour annoncer : « qu'elle allait ouvrir ce que l'on nomme dans les rues de Paris *un Bastringue*, aux Champs - Elysées, où les jolies demoiselles trouveraient une compagnie brillante et choisie, des gâteaux toujours frais, du vin toujours vieux, et en outre, des cabinets particuliers pour les amis de la décence. » J'ignore si l'établissement eut lieu, mais ce que je sais, c'est que tous les matins aux environs du Palais du Tribunat, on voit Madeleine passer en dansant, et criant ses gâteaux de Nanterre sur l'air suivant, qui est de sa composition ainsi que les paroles.

La belle Madeleine a le teint fort brun, la bouche grande, les yeux saillans, le regard un peu égaré. Dès que sa chanson est finie, elle pose son panier à terre et dit aux passans :

« Des gâteaux tout chauds! messieurs, mesdames, régalez-vous, *c'est la joie du peuple.*»

Madeleine n'est point mariée. C'est une
vierge de Nanterre.

LE CARRELEUR DE SOULIERS.

Personnage grave; auteur de l'air et des
paroles, et jouant avec la rime. Il faut ici un
peu du ton nasillard des Confrères de la Passion; comme la langue musicale n'avait pas
prévu le cas, je n'ai fait nulle difficulté d'y
suppléer.

LE MARCHAND DE FOURNEAUX.

A h! A h! — Cette exclamation se fait du ton qui exprime la surprise; elle est suivie d'un *récitatif* dont voici les paroles : *Me voici!..* *me voilà!....* *Bon! v'là c'que c'est, c'est là,* *c'est ça....* Le tout se termine par ce *cantabile :*

Je ne me flatte pas de donner le sens de ces dernières paroles. Je dirai seulement que ce *Capi calala* nous rappelle le *En nog novet en* *matherisoth* que j'ai cité dans ma première Partie, chant à deux voix et en langage inconnu.... *peut-être à l'auteur même,* ajoutent les historiens.

En tout cela, je fais de mon mieux, et je prie le lecteur de me savoir au moins gré de mes efforts.

——

LA MARCHANDE DE SEL.

Deux notes égales du ton le plus perçant, et une troisième à près de deux octaves plus bas. Ces trois tons forment un cri célèbre dans les rues de Paris, et c'est celui qui donne en musique *marchand' d'sel!*

LE PETIT MARCHAND DE LUNETTES ET D'AIGUILLES.

Air chantant, paroles intelligibles : petit Personnage qui annonce les plus grandes dispositions.

LE MARCHAND DE FROMAGES.

C'EST un gros réjoui, un beau vieillard à la figure fraîche et vermeille. Il vend des fromages de Neuchâtel. Il a une voix de Stentor. Sa poitrine est si bonne et sa respiration tellement libre qu'il fait sur le mot *fromages* une cadence qui dure cinq ou six minutes, et sa voix, loin de s'affaiblir sur les dernières lettres, se prolonge et tout à coup renforcit le son au point que toutes les vitres en retentissent. C'est ainsi qu'il fait entendre Froma—aaa—aaa—aaa—aaa—ge à LA CRÉUME; il prononce ensuite d'un ton plein et soutenu : FROMAGES DE NEUCHATEL. EN VOULEZ-VOUS DES FROMAGES!

J'ai imité ici la manière de noter de nos premiers poètes dramatiques, et je ne pouvais employer plus à propos une espèce de plain-chant, car on assure que notre Personnage est chantre dans son village. Je ne cesse en vérité de renvoyer à ma première Partie ; ai-je eu raison de dire préliminairement que tout cet ouvrage formait un ensemble suivi, approfondi ?

PREMIER MARCHAND D'ENCRE.

Ce Personnage est un peu monotone. Je l'ai souvent écouté attentivement; je ne puis comparer son cri qu'au roulement sourd et interrompu du tambour à une pompe funèbre. Voici tout ce que j'ai pu recueillir; une seule fois il y eut une légère variation que je vais citer également. — *Blan. Blan. Berolan.* — *Blan.* Variante : *Blan. Mian. Berolan — An.*

SECOND MARCHAND D'ENCRE.

Tête découverte, cheveux ébouriffés, face large, noire et enluminée. Il s'arrête par intervalles, se retourne et fait entendre, d'une voix enrhumée, ce *récitatif* qu'il accélère sans reprendre haleine et termine enfin brusquement: *C'est moi! V'là qu'cest moi, c'est lui, v'là qu'c'est moi ; comm'ça, madame, on n'en a jamais vu comm'ça, jamais comm'ça mia mia mia mia mia mia mia mia , jamais, jamais d'pareil à ça !* Il y a ici quelque chose du bredouillement des Crispins : *voyez* notre troisième Partie.

Ce Personnage est ordinairement accompagné de sa femme et de son chien. Sa compagne porte un petit mannequin pareil à celui de son mari; mais elle ne dit mot.

LE MARCHAND DE PIERRES A BRIQUETS.

— *N'ou-bliez pas-en-passant des pierres à brrrriquets qui rrrrrrrrrendent la lumierrrrrrrrrrrrrrrrrrrrrrrre à volonté.*

C'est sur le Pont-Neuf que l'on entend une langue humaine exécuter ce roulement admirable.

LE TONDEUR DE CHIENS.

Joseph Lorin tons lé chien va en vile coupe lé chât et sa fame Lessez votre adrece.

LE Personnage suivant prend des pensionnaires.

L'HOMME A LA PERRUCHE.

Cette perruche ne cesse de dire aux passans : *Ah ! qu'il est donc bête.* Aussi tout le
monde admire son esprit. Un malheureux a
voulu empoisonner cet aimable petit perroquet ! heureusement le crime n'a pas été consommé.

L'AVEUGLE MARCHAND DE BILLETS DE LOTERIE.

Figurez-vous un grand homme sec,
adossé contre un parapet et toujours debout,
qui de minute en minute se courbe presque
en deux, tend le nez en avant, et ouvrant
une large bouche s'écrie d'une voix lamentable : *Ah ! voyez donc, messieurs, mesdames, mon dernier en passant !* Pendant cette
exclamation, ses deux mains, chargées de
billets de loterie, sont fortement pressées entre ses cuisses ; il se redresse aussitôt après. Ce
tic est tout ce qui rend ce Personnage remarquable. On le voit ordinairement vis-à-vis la
Samaritaine.

Comme l'Aveugle à la grande barbe, il fut un jour la dupe d'un plaisant ; quelques-uns trouvèrent même le tour assez risible ; quant à moi, je ne sais trop, je l'avoue, s'il y a quelque chose de bien comique à jouer un malheureux qui est privé de la vue. Un passant, après avoir tenu et examiné un de ses billets de loterie, le lui avait rendu, disant qu'il ne lui convenait pas : observons qu'il y avait substitué un billet d'attrape taillé dans les mêmes proportions. Un second amateur s'avance. « Prenez celui-ci, lui dit aussitôt l'Aveugle, en lui présentant le billet qu'on venait de lui rendre, prenez celui-ci, c'est le bon, tout-à-l'heure on me l'a refusé. » L'amateur crut d'abord qu'il plaisantait, et voulut choisir, mais l'Aveugle se mettait en quatre pour l'engager à n'en pas choisir d'autres. « Prenez, répétait-il, vous m'en saurez gré, celui-ci est le meilleur. » Il fallut bien lui faire connaître enfin ce qu'il voulait faire prendre : c'était une feuille de papier blanc. On se peint ses lamentations : l'auteur de la pièce, qui s'était arrêté à quelques pas pour en examiner les suites, se hâta d'y venir mettre fin en avouant sa plaisanterie.

Cet Aveugle a, dit-on, beaucoup voyagé
en pays étrangers, pour le seul plaisir de respirer un autre air que celui de sa patrie.

L'HOMME A L'ÉLÉPHANT.

L'HOMME était un Marchand de Numéros
pour la loterie, et l'Éléphant un sorcier qui
indiquait les bons. L'homme était de chair et
d'os comme un autre, mais le sorcier n'était
que de carton, et ce simulacre du plus grand
des quadrupèdes était alors de la grosseur
d'un mulet. *Combien y a-t-il de loteries en
France?* lui demandait son maître. L'Eléphant
de carton levait et baissait cinq fois la tête.
Le maître ajoutait : *Combien sort-il de numéros à chaque tirage?* Les signes de tête in-
diquaient encore le nombre cinq. Il disait ensuite : M. l'Eléphant, *tel numéro sortira-t-il?*
et c'était oui ou non. — Mais, interrompit un
jour un spectateur, qui avait vu avant la représentation un petit bonhomme se glisser
dans le corps de l'éléphant, et qui ne jugeait
pas qu'il résultât assez de merveilleux d'un
aussi grand appareil, mais ce petit garçon qui

est là-dedans va étouffer. On se prit à rire et le cornac montra beaucoup d'humeur. Depuis ce temps, l'Eléphant est réduit à la grosseur d'un carlin, et ce quadrupède ne remue plus la tête. Mais heureusement son maître vient de faire un très-grand voyage, pendant lequel il s'est livré à des calculs mathématiques qui lui ont donné la connaissance certaine des bons numéros.

LE MARCHAND D'AIGUILLES ET SA CHOUETTE.

Le Marchand crie ses aiguilles, et la Chouette regarde les passans. Qu'y a-t-il là de remarquable? me dira-t-on. Je l'ignore, mais cependant c'en est assez pour que les passans à leur tour regardent la Chouette et le Marchand.

LIBRAIRES AMBULANS.

— *Avez-vous rêvé d'chats? Avez-vous rêvé d'chiens? Avez-vous vu d'l'eau trouble?.. Voilà l'explication de tous les rêves : un volume broché , avec des figures.*

—La Belle au bois dormant pour un sou: Cendrillon avec la gravure, la Belle au chaperon rose, et le Conte de l'Oiseau bleu : trois éditions pour deux sous.

L'ANE SAVANT, SON MAITRE, SA MAITRESSE, et LA TROUPE DES CHIENS DANSEURS.

L'ANE porte les danseurs et les danseuses ; le maître joue du violon, la maîtresse bat du tambourin. L'homme s'occupe exclusivement de tout ce qui concerne la danse : c'est le maître des ballets ; la femme est chargée de maintenir l'ordre, l'union, et surtout la décence parmi les artistes des deux sexes qui composent la troupe dansante.

Le Roussin d'Arcadie commence le spectacle. Il désigne la demoiselle la plus amoureuse de la compagnie, l'amant le plus jaloux ; la femme la plus entêtée, le mari le plus grondeur. Il indique aussi en frappant du pied, l'âge des personnes, l'heure qu'il peut être à la montre qu'on lui présente. C'est un animal extrêmement pacifique ; il verrait

passer toutes les ânesses du monde sans se mettre à braire. Le dernier exercice qu'il exécute à commandement, c'est de faire la moue à la société : son maître alors s'approche de lui d'un air carressant, lui prend le museau.....
(*Icy baisènt l'ung l'autre.* (Confrères de la Passion.))

Après ce divertissement, arrivent les danseurs. Les artistes du sexe féminin se distinguent par un petit chapeau placé sur l'oreille et un petit jupon ; quant aux cavaliers, ils sont en général dans leur costume naturel. Le directeur de la troupe daigne ouvrir le ballet, et tout en jouant du violon, danse avec la première danseuse le *menuet d'Exaudet*. Suivent plusieurs entrées en scène : différens groupes exécutent des pas difficiles, et le tout se termine par des walses.

LE CHEVAL SAVANT.

Ce cheval imite d'abord toutes les gentillesses que nous venons d'admirer dans l'Ane Savant. Il indique l'heure, il fait la moue, etc.; mais tout ceci n'est qu'une plaisanterie, et peut-être même une petite moquerie du pauvre roussin, dont l'échine allongée n'annonce guère en lui d'autre mérite que celui de posséder l'art de la divination. Bientôt le bouillant coursier, impatient de se livrer à un exercice qui le distingue en prouvant qu'il réunit la force à l'intelligence, se couche sur le dos : une table est posée sur ses quatre pieds, et sur cette table qu'il soutient en équilibre, se montre un homme placé en attitude, élevant un drapeau d'une main et de l'autre sonnant de la trompette.

Le but de ce spectacle est de réunir une société d'amateurs à laquelle on veut faire une confidence importante. Ici pourtant il n'est pas besoin d'oreilles, il ne faut que des yeux. Aussitôt que le spectacle est terminé, le maître du cheval, qui est un gros papa de bonne mine, prie la compagnie de lui accorder un moment d'attention : il déroule alors une petite sacoche, et contemplant son auditoire avec un sourire malin, il expose silencieusement à tous les regards l'intérieur de la pièce curieuse. Que voit-on? une trousse garnie de tous les instrumens nécessaires pour limer, scier, polir, nettoyer, plomber ou arracher les dents.

LE MARCHAND D'ÉPONGES
ET SON CHIEN.

Ces deux Personnages ne sont plus : une tendre amitié les unissait et le même jour les vit mourir!

Il n'est pas inutile, avant de faire le récit de ce terrible événement, de donner quelques notions préliminaires.

Le Marchand d'éponges allait de rue en rue avec une manne chargée, qu'il portait d'un côté en criant, tandis que son chien cheminait silencieusement, supportant l'autre côté à l'aide d'un mouchoir qu'il tenait dans ses dents. Cette occupation était pénible pour tous deux, surtout par les grandes chaleurs. Un jour d'été, comme ils rentraient pour prendre leur repas (ils le prenaient toujours ensemble) la fatigue les accablait. Le maître met la table, ou pour mieux dire il n'en mettait jamais; il donne un bon morceau de pain à son compagnon, en coupe un pour lui-même; voulant se régaler, il ajoute au sien un morceau de volaille froide et s'assied tenant son dîner sous son pouce.

Cependant, tel était l'accablement qu'ils éprouvaient l'un et l'autre qu'au lieu de manger ils s'endorment. Le chien s'éveille le premier et se livre paisiblement au modeste repas qui lui est accordé. Il sent bien que celui de son maître est un peu meilleur que le sien ; mais il n'y toucherait pas pour tout au monde. Hélas ! une fatalité conspirait contre lui : le maître se réveille à son tour et ne trouve plus en sa main que le pain sur lequel il avait posé son mets. Un affreux soupçon frappe sa pensée ; il se lève... Il est des instans malheureux ! des momens où soi-même on ne se reconnaît plus !.. Hors de lui, il saisit un bâton noueux et en assenne un coup terrible sur la tête de son chien... Le coup à peine est porté qu'il se repent. Il court à son compagnon : ô mon pauvre Jupiter ! lui disait-il (Jupiter était le nom de ce chien célèbre) ; il l'appelle ; il le flatte... O douleur ! ô saisissement ! son chien ne répond plus, Jupiter est mourant, immobile... En ce moment, il aperçoit à terre ce mets funeste et cause d'une fureur aussi injuste que barbare... A cette vue ses forces l'abandonnent, il se précipite sur son malheureux et fidèle serviteur ; il le serre dans ses bras, il l'arrose de ses larmes et sent qu'il ne pourra lui survivre… En effet, le chien expire, et un moment après le maître a cessé d'exister.

Ainsi moururent le Marchand d'éponges et son chien.

___

LE SIEUR AUGIER, ESCAMOTEUR; LES S^rs. MIETTE ET MAILLOT, PHYSICIENS.

LE sieur AUGIER est le doyen et le plus habile de tous les escamoteurs vivans, le digne émule de tous ceux qui ont vécu, le modèle de tous ceux à naître. Il joint au talent de faire des tours de gibecière, plusieurs des secrets du grand et du petit Albert; mais toutes ces vieilles découvertes se sont rajeunies et perfectionnées par ses méditations, et ses petits livres récréactifs en font foi.

Les physiciens MIETTE et MAILLOT rivalisent le fameux Pinetti. C'est parler d'eux-mêmes que de rapporter les choses merveilleuses qu'exécutait ce Personnage si célèbre d'abord dans les rues de Rome et ensuite dans les salons de Paris. Voici ce que l'on en racontait en 1784. « On vous a peut-être dit que cet habile physicien mettait une bague dans le canon d'un pistolet; qu'après l'avoir fait bourrer par dessus et tirer en l'air, cette même bague se retrouvait au bec d'une colombe renfermée dans un petit coffret scrupuleusement fermé à clef; on vous a peut-être dit même, qu'après avoir fait écrire quelques mots à volonté sur un billet, et l'avoir fait brûler, il faisait retrouver intact ce même billet dans tel corps pénétrable qui se trouvait présent, soit fruits où bougies : mais ce qu'on n'a pu vous dire encore, est la scène aussi plaisante que surprenante qu'il vient, dit-on, de jouer devant M. le duc de Chartres. Ce prince venait d'entrer à son spectacle ainsi que plusieurs autres seigneurs. Pinetti s'avance vers son altesse et lui témoigne une sorte d'étonnement. Qu'avez-vous donc, Pinetti?—Monseigneur, je vous avoue que je suis surpris de vous voir au milieu d'un cercle aussi brillant, sans avoir de chemise.—Qu'est-ce à dire?.. Le prince se regarde, et se trouve effectivement sans chemise. Surpris au-delà de toute expression, il demande à Pinetti s'il est possible qu'il la lui ait escamotée. —Non, monseigneur, mais bien M. de Fitz-James à qui vous vous fiez, et qui l'a dans sa poche. M. de Fitz-James se fouille et trouve la chemise. Ce n'est pas tout. Pinetti prend la chemise, la jette dans un brasier, et lorsqu'on la croit en flamme, monseigneur s'aperçoit qu'elle est replacée sur son corps. Mais cela ne suffit pas encore à la gloire de l'incomparable Personnage. Que fait-il? M. le duc de Chartres avait une montre du plus grand prix; il la lui demande, et veut, dit-il, la réduire en pièces et lui rendre aussitôt sa première forme. Monseigneur balance, puis il consent. On approche un mortier de métal, Pinetti s'empare du pilon, broie de toutes ses forces ladite montre aux yeux des spectateurs stupéfaits, et moyennant quelques paroles bien magiques, il la fait reparaître d'un coup de baguette dans son premier état. »

Tout ce récit parut alors invraisemblable. On se refusa d'y croire. Si l'on en doutait encore aujourd'hui, que l'on se rende dans la rue de Madame ou sur les Boulevards dans les cabinets ambulans des physiciens Miette et Maillot, et l'on verra se renouveler tous ces prodiges. Le spectacle de M. Miette surtout est remarquable au dehors par un écriteau chargé de toutes sortes de termes en *ique*, ce qui prouve assez qu'au dedans tout doit être magique.

ENCORE UN CART'RON, CLAUDINE.

Ce refrain remplace ici le nom d'une vieille maman fort célèbre dans les rues de Paris. C'est une femme de campagne qui chante sa chansonnette en dansant la sauteuse. Elle parut d'abord accompagnée d'un petit homme, bien moins âgé qu'elle et que l'on disait avoir été le magister de leur village. Celui-ci entonnait les deux premiers vers de chaque couplet et elle continuait. C'est maintenant elle-même qui entonne, qui poursuit et elle n'en danse pas moins bien tout en répétant :

> Encore un cart'ron, Claudine,
> Encore un cart'ron.

DUVERNY.

Ce Personnage est aveugle. Il compose des chansons, les chante et les débite lui-même.

LE GRAND SUISSE ET SA TROUPE.

Le grand Suisse parcourait les rues de Paris en cabriolet et accompagné d'un second char que remplissait un groupe de musiciens tous magnifiquement vêtus, et faisant entendre une musique militaire. On eût dit une marche triomphale. Dès que le cortége s'était arrêté, le grand Suisse revêtu d'un manteau galonné en or, se levait, ôtäit son large chapeau, essuyait ses longues moustaches, et disait aux spectateurs : « Messieurs, mesdames, c'est le
» véritable vulnéraire suisse ou thé suisse que
» j'ai l'honneur de vous annoncer. Votre ser-
» viteur à l'honneur de vous prévenir que ce
» vulnéraire a la vertu et les propriétés sûres
» de purifier la masse du sang, qu'il fait trans-
» pirer par les sueurs et par les urines; qu'il
» enlève toutes les jaunisses; qu'il fait sortir
» toutes les vermines ou vers du corps hu-
» main; qu'il guérit du poumon, lorsqu'on
» s'y prend à temps et qu'on en fait l'usage
» pendant six mois; qu'il enlève toutes les
» opilations aux filles et aux femmes; qu'il
» enlève toutes les fièvres; qu'il empêche

» qu'elles ne viennent à ceux qui ne les ont
» pas; qu'il est excellent pour les temps criti-
» ques des femmes, en continuant jusqu'à par-
» faite guérison pour le retour de l'âge, etc. »

Ces paroles étaient suivies d'une fanfare, pendant laquelle le public s'approvisionnait en cadence, et la fanfare terminée, le cortége s'éloignait pour aller recommencer sur une autre place.

Le grand Suisse ne se montre plus ainsi triomphalement, et cependant c'est le moment où il jouit en réalité des honneurs du triomphe; car de toutes les diverses sortes de thé suisse qui ont paru, c'est le sien qui a encore la plus grande vogue, et qui peut-être est le plus justement estimé. Les paroles que j'ai citées sont extraites de l'imprimé qu'il joint à ses rouleaux.

LES ARTISTES RÉUNIS.

CES artistes ont commencé sur le Pont-Neuf. Tout le monde sait l'usage qu'ils font de leur pinceau. S'il restait pourtant quelque incertitude à cet égard, le petit couplet suivant que me communique un de mes amis

M. B., ne laissera plus la moindre obscurité
à cet égard.

Air de l'Asthénie.

Au Tribunat me promenant,
D'une enseigne je fais lecture :
Aux Artistes..,. Eh! mais vraiment,
Faisons-nous peindre en miniature.

(*Parlez.*) J'entre dans une salle très-bien décorée.

Je me place comme je dois ;
Mais soudain tout change de notes :
Quelle est ma surprise!...je vois
Les *Artistes* cirant mes bottes.

JOUEURS D'ORGUES PORTATIVES.

Il faudrait être bien maussade, avoir les
oreilles bien étrangères à tous les charmes de
l'harmonie, pour ne pas écouter avec plaisir,
tout le jour, et souvent à toute heure de la
nuit, les accords délicieux que produisent
les Joueurs d'orgues portatives ou de vielles
organisées, c'est je crois synonyme. Cette
mélodie est tantôt vive, tantôt lente et toujours tendre. Elle répète les airs de nos plus
jolies romances, souvent même elle exécute des ouvertures. Déjà composée par elle-

même de la réunion et des effets combinés de
diverses partitions, des instrumens étrangers
la secondent encore et ajoutent aux douces
émotions qu'elle ne pouvait déjà manquer de
produire; pour ne pas aimer ces concerts, il
faut ne point connaître

> Et la mélancolie, et la douce tristesse,
> Filles rêveuses de l'Amour....

Mais c'est assez m'occuper des orgues portatives; parlons de ceux qui les font mouvoir.

La plupart de ces Joueurs unissent leur
chant aux accords de leurs orgues. L'un d'eux
est remarquable par une voix mâle, harmonieuse et fort juste. D'autres ont avec eux un
chanteur ou une cantatrice. Il en est un qu'ac-
compagnent trois petits violonistes, qui semblent trois petits chevaux échappés, et qui
ne jouent pas trop mal du violon; l'un de ces
enfans chante aussi. Toutes ces voix, comme
les instrumens qui les soutiennent, sont en
général fort agréables, si on les écoute de
loin. Ceci a l'air d'une malice et n'en est pas
une : les artistes qui déploient leurs talens en
plein air ont besoin de n'être ni vus, ni entendus de trop près, parce qu'ils sont obligés

de calculer les effets de leur jeu ou la portée
de leur voix, d'après la vaste étendue de leur
salle de spectacle. Il ne faut donc les juger
que d'après les lois de l'optique et de la perspective. Du reste, les Chanteurs-Organistes,
en général, suivent dans toute sa perfection
la bonne méthode actuelle, c'est-à-dire,
qu'ils grossissent leur voix sur les premiers
mots, et la laissent expirer en poursuivant :
c'est ainsi que tout le monde doit chanter.

LE VIELLEUR ET SON SIFFLET.

Ce vielleur chante aussi. Ce n'est pas un té-
nor; sa voix est même excessivement grêle,
mais il a pour les préludes et les ritournelles
un nouveau genre d'harmonie d'un effet merveilleux; c'est une manière de siffler en imitant le chant du rossignol : s'il n'en est pas un
lui-même, au moins sait-il produire une com-
pensation.

LE DEVIN DU PONT-NEUF.

Le Devin du Pont-Neuf a établi la salle de
ses consultations à l'entrée du quai des Lu-

nettes, presque vis-à-vis la baraque qui masque les travaux de la colonne que l'on élève à la gloire de la Grande-Armée. C'est un vieillard, un peu courbé. Une petite table est devant lui. Sur cette table sont plusieurs vases remplis d'une eau limpide : ceux qui le consultent prennent au hasard plusieurs cartes dans le jeu qu'il leur présente ; ils les tiennent par devers eux, et le Devin, à chaque événement qu'il leur révèle, ajoute : *C'est ce que m'indique telle carte que vous devez avoir dans votre main : donnez-moi telle carte.* Il prononce ces mots d'un air riant et gracieux, et les accompagne d'un petit mouvement des deux mains, les coudes pressés contre son corps ; geste assez remarquable, et qui donne un nouveau charme à son talent pour la divination. La personne qui le consulte, étonnée de voir qu'il désigne successivement toutes les cartes qu'elle a tirées, ne sait plus qu'en penser, et tous les assistans partagent sa stupéfaction.

Un jour que je me promenais en rêvant à mes Personnages, je me trouvai du nombre de ses spectateurs. Ce n'était pas me distraire de mon sujet : lui-même était un des héros que j'avais à célébrer. Tout d'ailleurs autour de moi ne cessait de me rappeler l'objet de mes méditations : d'un côté, j'entendais la bruyante harmonie du Musicien des Promenades ; d'un autre le récitatif du second Marchand d'Encre. Par là, s'exerçait le Batonniste à faire sauter la pièce de monnaie ; par ici, se distinguait le Marchand de Pierres à Briquets à faire son roulement inimitable ; mes regards mêmes, ainsi que mes oreilles, étaient partout entretenus de ma secrète pensée : les nombreuses affiches qui couvrent la baraque, celles que l'on appose au parapet, m'offraient de toutes parts la réunion des diverses célébrités connues jusqu'alors ; je voyais : HOMMES CÉLÈBRES, FEMMES CÉLÈBRES, FILLES CÉLÈBRES, ENFANS CÉLÈBRES, CHIENS CÉLÈBRES, CHEVAUX CÉLÈBRES, etc., etc.; et je me repaissais de la douce idée que parmi tous ces titres, bientôt ressortirait : PERSONNAGES CÉLÈBRES DANS LES RUES DE PARIS. Telle était ma rêverie, et cependant je ne pouvais revenir de mon admiration à la vue du nouveau Personnage qui devait encore trouver place dans mon histoire. Je m'avise tout à coup de mettre sa science à l'épreuve.

Il me présente les cartes; j'en extrais au hasard un certain nombre que je garde en main, et me voilà attendant mon sort. J'avais *les quatre rois, le sept de careau, le sept de pique, l'as et le dix de treffle, et le dix de cœur.*

Monsieur, me dit-il, il est très-possible que vous soyez amoureux de quelque belle, mais vous brûlez principalement de l'amour de la gloire.... » Ce petit prélude me flatta singulièrement, et je m'empressai de répondre :

Continuez, Denis. . . . .

Or, monsieur, reprit le Devin, veuillez me bien écouter. Vous êtes souvent environné d'une société de Personnes extrêmement illustres, et vous méditez une entreprise de la plus haute importance : C'est ce que m'indiquent les quatre rois et l'as de treffle; donnez-moi l'as de treffle et les quatre rois.

Je laisse à penser si mon homme me parut sorcier. Je continuais d'être intérieurement très- flatté de mon horoscope.

Monsieur, continua le Devin, ici un voile impénétrable m'empêche de pouvoir vous désigner les choses. Je ne sais quelle voix inconnue vous inquiète; je vous vois menacé d'une arme toute petite, mais dont les coups sont terribles.... vous pourriez bien être un peu courbaturé : c'est ce que m'indiquent le sept de pique et le sept de carreau; donnez-moi, s'il vous plaît, le sept de carreau et le sept de pique.

Ceci changeait de note et je n'étais plus satisfait. Cependant il me restait une carte, et j'attendais avec beaucoup d'inquiétude, lorsqu'heureusement le Devin ajouta : mais, monsieur, rassurez-vous, ce léger nuage sera suivi d'une victoire complète : c'est ce que m'indique le dix de cœur; donnez-moi le dix de cœur.

Ces derniers mots furent accompagnés d'un salut de sa part auquel je répondis par une légère offrande qui lui était bien due, et je m'éloignai, ne me lassant point d'admirer le tireur de cartes et surtout de réfléchir à mon horoscope.

Ce Personnage fait aussi plusieurs tours d'adresse et distribue *gratis* des pierres à enlever les taches, mais il prévient qu'elles n'enlèvent pas celles que l'on a sur la conscience.

II. 22

LES CHEVAUX DE BOIS.

Les chevaux de bois sont un genre d'équitation à l'usage des cavaliers qui redoutent les coursiers fougueux. Il est assez ordinaire aujourd'hui de remplacer ces chevaux par des cygnes et par des oies. Comme il est des dames qui se livrent à cet exercice, ce sont elles qui montent sur les cygnes et alors on leur donne le nom de Léda. Quant aux hommes, lorsqu'ils sont en selle sur les oies, j'ignore comment on les nomme.

LE PETIT LONGCHAMP.

Le Petit Longchamp est une promenade qui n'est pas sans une grande analogie avec l'exercice d'équitation sur les chevaux, les oies ou les cygnes de bois. Ici des chars à quatre places tiennent également à un arbre central qui en tournant les fait avancer tous à la fois, mais ils portent sur un parquet formant le cintre, et lorsque toutes les roues sont en mouvement, si quelque chose égale la beauté de ce spectacle, ce ne peut être que le bruit qui en résulte. Tel est le diminutif du magnifique coup d'œil qu'offre tous les ans la promenade de Longchamp.

Dans ces deux exercices, c'était des personnages ou inventeurs ou imitateurs que, selon l'usage, je devais surtout m'occuper; mais j'ignore les noms des Directeurs de ces spectacles. Ce sont les *Entrepreneurs du Petit Longchamp* eux-mêmes qui tournent l'arbre central et font mouvoir tous les chars; on peut dire que peu d'entrepreneurs gagnent aussi bien leur argent : ils sont tout en nage.

Je pourrais parler encore d'un grand nombre d'Escamoteurs, de Physiciens, et surtout de plusieurs troupes de Sauteurs, parmi lesquels on voit des enfans exécuter des choses presque inconcevables. Cette quatrième et dernière Partie est un petit tableau de Paris; je l'ai dit en débutant , lorsque je considérais l'ensemble de mon travail : peu de sujets sont aussi vastes, sans pouvoir cesser d'être intéressans. J'y reviendrai sans doute; l'abondance des matières et surtout l'importance des découvertes que je ne cesse de faire à

chaque pas, m'engagent à préparer une suite
où je réparerai toutes mes omissions. En attendant, comme il faut des limites en tout,
je m'arrête : le lecteur se fâcherait peut-être
enfin s'il croyait cet ouvrage interminable.

FIN.

ERRATA.

TOME I. *Page* 17, *ligne* 5. Jocrisse, *lisez* Dame Gigogne.
   —— 43 —— 10. Plutôt, *lisez* plus tôt.
   —— 47 —— 11. L'avant-scène était ce que nous *la....* *lisez* ce que
          nous le, etc.
   —— 165 —— 9. Fluctuosités, *lisez* flatuosités.
   —— 314 —— 16 et 18. Franvisca, *lisez* Francesca.

TOME II. *Page* 84, *ligne* 25. Est dûe, *lisez* est dû.
   —— 124 —— 16. Qu'au-, *lisez* qu'aura-.
   —— 262 —— 24. Répondit, *lisez* répartit.

TABLE

DU SECOND VOLUME.

SUITE DE LA SECONDE PARTIE

ET DES

PERSONNAGES IMITATEURS.

TROISIEMÉ PARTIE.

PERSONNAGES D'IMAGINATION.

FIN DE LA TABLE.

DE L'IMPRIMERIE D'ADRIEN ÉGRON,

rue des Noyers, n.° 49.